文庫

岩宮恵子

# 生きにくい子どもたち

## カウンセリング日誌から

岩波書店

# 目次

# I　異界への通路

# 1 子どもと異界

子どもは、大人の常識的な世界とはまったく違う世界を持っている。

インクのしみを見せてそれが何に見えるかということを問い、その反応によって、その人にとっての世界の見え方や関わり方を知る手がかりとするロールシャッハテストという心理テストがある。そのテストでも、大人であれば間違いなく、「異常」と判断してしまうような反応も、子どもの反応であればそうは考えない。子どもは、大人とは違った世界が見えているものなのである。

昔、子どもは育ちにくかったこともあって、「七歳までは神のうち」と言われ、「あの世」に近い存在と考えられていた。しかしそれは昔だけのことではない。今も子どもは大人の常識的な日常の世界とは違う世界――これを「異界」と呼ぶことにする――に近い所に生きている。この世の常識とは違う世界での体験を踏まえて子どもは大人になっていく。言い換えると、大人になるということは、異界と距離をとっていくということなのかもしれない。

サンタクロースをいくつまで信じることができていたのかというのが、その人の幼少期の幸福度を示すバロメーターになる、と言われることがある。それは、「サンタクロースという(異界の)人が自分にプレゼントを与えてくれているのだ」という子どもが信じている物語を、家族を始め、まわりの人たちが大切に扱っていたことの証明になるからだろう。別にそれはサンタクロースに限ったことではないが、子どもが信じている世界を大切にすることが成長を支える力になる、という事実を示していると言える。

しかし、そういった「信じる世界」自体を否定されるような科学的な教育を受け、早いうちから異界との接触を断ち切られる子どもも増えてきている。また、親が意識して断ち切った訳でなくても、いろいろな条件が重なったために、子どもならではの世界に浸るチャンスを逃してしまうこともある。

異界とちゃんとした距離をとれるようになるためには、まず、しっかりとその世界に浸ることが大切である。それがなされないと、子どもとして生きられなかったことになってしまう。そのような子の中には、小学生の頃から、言われたことはちゃんとできても、自分から進んでは何もする気が起きない、どんな遊びをしたら楽しいのかわからないなどという子もいる。あるいは、異界との距離をどうとればいいかわからなくなり、現実と異界が混乱し、妄想ともいえる世界に陥ってしまうこともある。そうすると周囲の状況お構いなしで異界のイメージが吹き出してしまうため、度を外れた暴力や暴言をふるったり、外的適応を崩してしまうような行動をとってしまうことにもつながりかねない。

子どもとして生きぬくということは、生きるエネルギーの貯金をしているともいえる。その貯金が足りない子は、自転車操業のようにしてがんばっていても、何かのささいなきっかけでつまずくとすぐにエネルギー切れを起こし、何もできない状態になってしまうこともある。それが中学生や高校生で起こるだけでなく、大学もしくは就職してから起こることも多い。

今の子どもは昔に比べて病気などであの世に逝ってしまう確率は格段に減っているが、その分、この世で生きるエネルギーを得にくくなっている子どもが増えてきているように思う。

ここでは、ある少年の事例を紹介しながら、子どもの成長に必要な異界について考えてみよう。(なお、プライバシー保護のため、内容をそこなわないようにして、事実には変更を加えてある。)

# 2　異界へとつながる――アキラの場合

## 小学四年生のおねしょ

アキラが受診してきたのは小学四年生の夏休みだった。一週間に二度三度とあるおねしょと、首をブンブンと横に振るしぐさが気になったお母さんに連れてこられたのだ。

アキラは聡明な印象が強く、どこか瞳の中に暗い陰があるが、そこがまたあと二、三年もしたら多くの女子生徒のハートをひきつける魅力になっていくのかもしれない、と思わせるような少年だった。お母さんによると、友人も多く、いつも楽しく遊んでいるということだった。

しかし、「友達とは何をして遊ぶの？」との筆者の問いに、「ゲームとかいろいろするんだ」と愛想よく答えた後で、「でも、ただ一緒に時間を過ごす友達はいるけど、親友はいないんだ」と大人びた言葉で、何か冷めたような、そして寂しそうな答えをしたのが印象に残った。

アキラのお母さんはとても若々しく、おしゃれにも気を配っておられて、まだ結婚していないといっても通るような人だった。何となく生活のゆとりのようなものが漂っており、アキラの下に年子の弟と、四歳の双子の妹を抱えている子育て真っ最中のお母さん、という雰囲気はまったく伝わってこなかった。

両親双方の親にとっての初孫として生まれたアキラは、言葉も早く、おしめもさっと取れるなど、小さい時からみんなの期待に何でも応えることのできる「スーパー長男」であった。年子の弟の方は喘息やアトピーがひどく、小さい時から入退院を繰り返していたため、アキラは祖父母の家へあずけられることが多かった。しかしそんな時でも聞き分けがよく一人遊びをしたりして、大人を困らせるようなことはほとんどなかったらしい。弟の病状が落ち着いたとたん、双子の妹が生まれ、また家はてんやわんやになったが、やんちゃな弟の面倒を何かにつけよくみてくれたため、本当に助かった、とまさにいいことずくめの「スーパー長男」であった。

アキラの幼児期を振り返って、お父さんなどは自分の出番がまったくないほどしっかりしていた、と言われているらしい。ところが、双子の妹たちのおしめが取れた頃から、おねしょが始まったのである。

気がつかなかったけれどこの子なりにストレスが溜まっていたのかもしれない、と考えたお母さんは、叱るようなこともせず様子をみておられたようだが、たまに一週間ぐらいおねしょがない日があってもまたすぐにぶり返すという状態が半年も続き、その上、首を強く横に振るいやいやをするような変な癖まで出てきたので、来院に踏み切られたのだった。

## 「いい子」のつらさ

こういう話を聞くと、人生、いいことだけではすまないようにできているのだなあと思わざるを得ない。アキラのような出来のいい子どもを持つことも、子どもがいても(しかも四人も!)なお清楚な美しい女性でいる、ということも、たぶん、現代の多くの女性が望んでいることだろう。しかし、いいことの裏には、まるで税金のように、そのいいことに見合うだけの何かが請求されてくることがある。このお母さんにとっては、アキラのおねしょと首振りという形をとって、それがつきつけられてきたようだった。

普通の子であれば、親が他のきょうだいのことや家庭内の大きな問題などで本当に大変な間は我慢していても、ひと山越えた所では、やんちゃを言ったりベタベタ甘えてきたり、体調を崩して親身に看病するチャンスを親に与えてくれたりして、何となく上手にバランスをとっていく。また、アキラの弟のように体が弱ければ、何やかやと否応なく手がかかり、たとえもともと甘えるのが下手な子どもであったとしても、看病してもらうことを通じて、成長するのに必要なだけのどっぷりとした甘えを味わう機会に恵まれるとも言える。ところが、比較的からだも丈夫で、甘えることが下手で、自分に向けられる周囲の期待に敏感で、なおかつそれをやり遂げるだけの能力もある、という四拍子ぐらい揃ってしまうアキラのような子は、ギリギリまでがんばってしまう。

アキラのどんなに注意しても止まらない首を振る癖(チックと言ってもいいかもしれないが)は、今まで周りの期待に応え続けてきた自分に「嫌だ嫌だ」と心とからだが訴えているのかもしれない。

こんな絵に描いたような「いい子」が中学、高校に入ってから思いもかけぬ変貌をとげ、家のものを壊しまくったり、家族に暴力をふるい出すこともある。そういう子は、今のままのいい子でいるわけにはもういかない、かといってどんな大人になっていいのかもわからない、何か大切なものを得ていないような気がする、というメッセージを破壊的な形でしか現わせない状況に陥っているとも言えるだろう。その「何か大切なもの」のひとつに、「子どもならではの世界にどっぷりと浸る」ということも含まれていることがある。

思春期の入り口と考えられる十歳で、おねしょと首振りという症状で何かのメッセージを送ってきたアキラは、問題が大きくこじれないうちに解決するチャンスと能力に恵まれていると考えることもできるが、別の見方をすると、十歳で息切れするほど大変だったとも言えるだろう。ともあれ、アキラはこういった経過で、定期的に筆者と会うことになった。

## 自分が本当にしたいこと

初回からアキラは、箱庭のセットにとても興味を示し、ミニチュアの人形を一つ一つ手にとって確かめたり、棚にていねいに並べかえたりしていた。そして、「こんな

図1　箱庭の人形たち

のをつくれって先生が言ってくれたらつくれるのにな」と言ってきた。ここで筆者の方が、アキラの希望に応えて「動物の国」とか「未来の街」などとテーマを与えたら、彼はそのテーマに沿ったまとまりの良い作品をつくってくれそうだった。しかし、それでは彼の日常生活でのあり方とまったく同じことになり、治療の場という特別の場所に来ている意味がなくなってしまう。彼は人の期待や、与えられるテーマに見事に答えることはできるのだが、自分にとって本当に必要なことがわからなくなっているから、ここに来ているのだ。

「好きなものを自由につくってもいい

っていうのは難しいみたいね」と筆者が言うと、「本当に難しいよ」と考え込んでしまい、結局その日は何も作らず、学校の話をして帰っていった。

彼を見送った後で、彼は一度交わした約束は絶対に守らなくてはならない、と自分に厳しく言い聞かせているだろうから、ここに来ることがたとえ苦痛であったとしても、予約の日には無理をしてでも来るのだろうな、と思った。そういった、まじめで律儀な印象は、ともすると、自分の意志と反して行動の訂正がきかなくなるような強迫的な傾向につながる可能性もあるのでは、といった危惧も同時に抱かされた。

彼にとってまわりの大人とは違う働きかけをする筆者のような人物が登場したということは、あれっと思う新鮮さがあると同時に、今までの自分のやり方が通用しない苦しさもあるはずだ。「自分の本当にやってみたいことは何なのだろう。好きなことって何なのだろう」という問いは、彼に重くのしかかって来るにちがいない。最初の導入ぐらい、家族画といったテーマでも与えて、絵を描いてもらったほうが彼も楽だっただろうか。いやいや、この面接室が与えられたテーマに答える場所になってしまうと、彼の治療はうまくいくわけがない。これでやっていくしかない、などと、筆者の心も揺れていた。

そうして迎えた次の予約日に、二日前からアキラが熱を出して寝込んでいるので今日は来れない、とお母さんから電話があった。これほどの熱を出すのは珍しい上に、自分でいくらでも食べられるはずなのに、スプーンで一口ずつ食べさせてもらいたがったりするので、こんな甘え方をこの子がするとは、とお母さんはびっくりしておられた。

不思議なことだが、こんなふうに心理療法という形で日常的な関わりと違う立場で会う人間が出てくると、今まで起きなかったことが起きてくる。

「自分が本当にやってみたいこと」についてアキラがたどり着いた答えは、お母さんにこうやって甘えることだったのかもしれない。その時ちょうど、実際に熱まで出てしまうのだから、心とからだのつながりは侮れない。また熱が出るのが予約の日と重なったことからは、彼にとって筆者の面接室に来るのがしんどい、ということもメッセージとして含まれているのかもしれない、と思った。律儀な彼にとっては熱でも出なければ筆者との約束を破ることもできなかったのだろう。

## 砂山づくり

アキラは、その翌週にはすっきりとした顔でやってきて、「先週は休んですみませんでした」と礼儀正しく挨拶をした。そしてさっと砂箱の方へ向かい、両手で砂をすくってはサラサラと落としはじめた。今日は人形の方には見向きもせず、砂を集めて真ん中に山をつくりだした。前回のような、何をしていいのかわからない、といった迷いなどまったくない。一生懸命、熱中して大きな山をつくり、時間いっぱい山肌をていねいになでつけていた。

それからというもの、彼は面接室に来るたびに、手の中からこぼれ落ちていく砂の感触を楽しんだり、砂箱の中に手を突っ込んでぐるぐるとかきまぜたりした後で、大きな山を一つつくって帰っていく、ということを繰り返すようになった。ほとんど話もせず、時折、そばでじっと見ている筆者と目を合わせて、にこっと笑ってはまた黙々と砂遊びをしていた。幼い子どもは、自分が夢中になって遊んでいる間は側に誰がいるのかなどということは気にもしていない。しかし、ふとした瞬間に、遊びの世界に入っている間に独りぼっちになってしまったのではないかと不安になって、側にいる人とのつながりを確認するために視線を交わしたり、突然、くっついて来たりする。彼の砂遊びの様子は、そういった二歳や三歳の子どもを連想させた。

能力を最大限引き出して質の高い作品をつくる、ということを目標とする「普通」の感覚から言えば、テーマを与えればレベルの高い作品がつくれるはずの子に、ただ本人の気の向くままに砂山をつくらせている、というのは無駄なようにも見えるだろう。しかし、この山は、彼が必要に迫られてつくっているものなのだ。幼児期に味わいきれなかった何かを今、取りもどしている、この砂遊びがこれからの生きていく土台になっていく、という手応えをアキラも筆者も同時に感じていたと思う。

砂に触るということで、それだけで日常的な整然とした世界から、別の次元の世界――異界――への扉が開かれることがある。そういう意味で、大人の治療にもこの方法は有効な意味を持つことが多い。しかし、大人はもちろんのこと、彼のようなかちっとした枠組みを持っている子どもが砂に触るというのは簡単なことではない。もちろん、自分の気持ちをまったくそこに込めることなく、ただ砂を触ることなら誰でもすぐにできるかもしれない。しかし、自分自身の存在を賭けて砂に触るということはなかなかできることではない。この時のアキラは、砂と遊ぶことに本当に夢中になっていた。何かに夢中になる、ということは、そのことに自分の全てを賭けていると言ってもいいだろう。そんな時、それは大きな意味を持ってくる。

## 甘え直す

そうして二カ月たった頃、お母さんから彼の様子を聞くと、いやいやをするような癖はほとんど気にならなくなってきたが、おねしょの方はかえって増えて、ほとんど毎日するようになってきたということだった。その上、今まではおねしょをすると申し訳なさそうにしていたのに、最近は悪びれた様子もなく、おねしょのあと蒸しタオルでふいてもらったり、着がえさせてもらうのを、当然のことのようにふてぶてしく振る舞うので、少し腹が立ってきているとのことだった。ここに通いはじめてどんどんおねしょがよくなるかと思っていたのに逆にひどくなり、その上、「いい子」でもなくなってきたことに不安を持っておられるようだった。

しかし、話していくうちに、アキラと自分との間には今まで冷静につきあえる大人同士のような距離があり、とてもいい子でありがたい子だと思っていたけれど、次男に対して抱くような、無条件にかわいくて仕方がない、という気持ちがわいていなかったことなども語られた。次男は甘えてくるのが上手なのでこちらもかわいがりやすいが、アキラはいつも一歩ひいて冷めたような顔をしていたので、この子は甘えなくてもいい子なのだと思っていた、と言われる。

甘えるのが下手な子には親の方もどう接していいのかわからず、甘えさせてやろうと思ってもぎくしゃくした空気が流れて、自然にいかないことが多い。アキラは、お母さんがおねしょをする自分を半年以上も叱らずに受け入れて見守ってくれたということで、やっと安心して甘えはじめたのではないだろうか。申し訳ないことをしている、という遠慮がちの態度から、してもらうのが当然、といったふてぶてしい態度に変化したのは、彼なりの甘えの表現なのかもしれない。甘えるのが下手な子は、甘えようとするとどうしても親の気分を逆なでするような態度に出てしまいやすい。

そのようなことをお母さんと話し合って、まだ今しばらくは、おねしょという回路を使っての甘えが続くかもしれない、という見通しを伝えた。お母さんは、「いいかげん、うんざりしてます」と笑いながら、どこかでこういったおしっこにまみれるようなべたべたした関係が、アキラとのあいだに足りなかったこともちゃんと感じておられるようだった。

お母さんによると、幼稚園の時のアキラは砂遊びなどをあまりしたがらない子どもだったらしい。彼にとって別の世界と接触を持つことは、必要ではあるがなかなかできないことだったのかもしれない。今回の彼の変化からもわかるように、そういった時には日常の世界での「スーパー長男」ぶりが崩れやすくなる。今回、彼が砂に無心に向かえるようになったのは、熱を出して、無条件にお母さんに甘えることができたのが大きなきっかけになっていると思う。どうも無条件の行為や感情というのは、エネルギーを運ぶための通路になることがあるようだ。

またこの頃から、友達とけんかをすることが増え、何とか仲直りに持ち込むこともあるが、それきり遊ばなくなる友達もできてきた。友人関係も、誰とでも適当な距離でつきあうというクールなつきあいとは一味違ったものになってきたようだった。

## トンネルにつながっている世界

やがて面接場面でアキラは、砂の山をつくったあとにトンネルを掘る、という作業に取り組みはじめた。しかし、さらさらとした砂山なのでトンネルはすぐに崩れてしまう。水を使って砂を湿らせたら簡単なのに、という思いが筆者の中に込み上げてきて、口をついて出そうになる。なにせ、手を伸ばせばすぐ側には水道とやかんがあるのだ。二度、三度と彼がトンネル掘りに失敗するのを見ていると、なぜ、水を使わないのだろう、と心がざわめいて仕方がなかった。

こういった治療の場合、こちらから何か指示を与えてしまうと、その場では表面的にことがスムーズに進んだとしても、治療の流れは狂ってしまう。水を使うという発想を持たない彼を前に、彼のおねしょという症状と「水」には関連があることに思い当たった。これは大きな意味があるのかもしれないと考え続けることで、ようやく、「水を使うとできるよ」と教えたくなる気持ちをおさえていた。

そんな砂遊びが五回ほど続いた後のある回のことだった。彼が目を輝かせながら、「先生、この間、雨が降ったでしょう。あの日ね、庭の砂を握ったら固まるんだよ。それでね、ここの砂も濡らしたら固まってトンネルが掘れるんじゃないかと思ったんだ。ねえ、濡らしてもいい？」と聞いてきた。筆者としてはもう、待ちに待った発見だった。やかんの水を砂に加え、まんべんなくこねながら、「きょうは先生も手伝ってよ」と一緒に参加するように誘ってきた。今日は今までの面接とは違う何かが起こりそうである。

二人で大きな山を作り、しっかりと固めてから彼の指示に従って、彼の真向かいから同時にトンネルを掘りはじめた。しばらくして、砂山の真ん中で二人の手が触れた。

「やった！　つながった！」と叫んだアキラの喜びはストレートに筆者にも伝わってきて胸が熱くなった。彼は感情全開で大喜びしており、待合室などで見るときの、どこか冷めてすましている彼とは別人のようだった。

学校の成績もいいアキラが、砂を湿らせるとまとまりやすいということを知識として知らなかったとはとても思えない。しかし治療の場という特別な世界の中で、夢中になって砂山トンネルづくりに打ち込んでいた彼は、日常の世界で簡単に手に入れた知識をそこで使おうとはしなかった。

教えられて知的に理解している、ということと、自然の中で雨が土にしみ込むのを見て、それを触って固まることを発見し、感動と共に体験的に知ることの違いは大きい。そうやって得た知識を治療の場に持ち込んで、懸案のトンネルづくりに生かすことができたというのは、彼にとって大きな心の仕事を成し遂げたことになる。この回に行なわれたことがいかに彼にとって大切なことであったかは、このあと、ピタリとおねしょが無くなったことからもよくわかる。

自然から学んだ知恵を生かし、自分の意志で「水を使って湿らす」ことができたとき、彼の、夜中に無意識に布団を「湿らせて」しまう行為も、軌を一にして消えてしまった。そういうことが起こってくるためには、日々の生活の中で、うんざりしながらもおねしょの世話をこまめにして、彼の甘えを受けとめてくれていたお母さんの関わりが大きく関係している。

べたべたと手にまとわりつく湿った砂をこね回す作業は、乾いた砂に触れているときに比べて、より日常の世界から遠ざかり、この世を超越した異界への道が開かれていく。トンネルを掘っていくということに彼がこだわっていたのも、何かとつながる通路を求めていたからではないだろうか。その「何か」の中には、お母さんと今までとは違うレベルでしっかりとしたつながりを持つということも重要なテーマとして含まれていただろう。

トンネルの中という外からは見えない場所でしっかりと筆者の手と「つながる」ということは、トンネルが開通して新たな通路ができるということでもあった。こういったつながり方は日常的な観点からは「見えない」所でおこる。異界のことは、そう簡単に見えるものではない。

このトンネル掘りに参加しているとき、筆者には大きな感動とともに、敬虔な態度を取らざるを得ないような緊張感も同時に起こっていた。それは、彼が新たにつながりを持つ世界を代表する立場に立たされているような恐怖と畏敬の感情だった。

## つながること

少し話がそれるが、この感情について少し触れておこう。心理療法をしていると、節目節目にそのような体験をすることが多い。心理療法は決められた場所、決められた時間、決められた料金という条件のもとで行なわれる。これだけでも日常的な人間関係とは違う特別な関係が生じやすい。というよりも、正確には、面接場面を特別な場所にするために、そのような条件をととのえているのである。そのため日常的なものさしで計れるような優しい雰囲気だけでは本当の意味での癒しが行なわれないことを痛いほど味わうことになる。

大げさに聞こえるかもしれないが、大切な一瞬を摑みそこねたら、治療者としてだけでなく、人間として自分がだめになってしまうのではないかといった恐怖と緊張感にさらされることがあるのだ。日常的な常識の通用しない異界に関わることは、大きなエネルギーを得ることにも通じるが、容赦のない側面も同時に存在するので、命がけといった覚悟も必要となってくる。その危険度は関わる相手の抱えている課題の重さにも比例するように思う。

アキラの場合はトンネル掘りに誘うといったわかりやすい形で、しかも筆者が失敗する危険性の少ない方法で、その大切な一瞬を提示してくれたのでずいぶん助かった。もっと課題の重い子がどういった形でその一瞬を提示してくるのかということは、次の章で紹介する。しかし、課題の重い子の中には、何の表現もしようとしない子も多い。そして取っ掛かりのない面接が延々と続き、その中でわずかに示されるサインを治療者が見逃してしまうと、それきり来院しなくなったりすることもあり、治療者に大きな無力感が残されるのだ。

アキラの場合は、お母さんの的を射た対応にずいぶん助けられた。彼のお母さんは、そのように「はずさない人」ではあったが、この人にどんとぶつかっていっても大丈夫、何とでもなる、といったどっしりとした安心感や、「土の匂い」はあまり感じられない人だった。そのため、アキラにとっては育む力の象徴とも言える、土の匂いのするものとの関わりを、腑に落ちる形で体験することも必要なことだったのかもしれない。そのために、たくさんのミニチュアの人形を前にしながら、砂だけに関心が向いていたのだろう。ここまで同じテーマで箱庭に取り組み続ける人もめったにいない。

それだけ彼にとって明確な大きな課題だったと言える。

アキラは、大人からこうあって欲しいと望まれ、まわりから教えられる通りに振る舞えばいい日常の世界では、まさに「スーパー」なすばらしい少年だった。しかし、その日常生活を裏で支えている、この世の存在を越えた何かとのつながりが希薄なままでの「スーパー」はどこかで歪みが生じてくる。人間の力や意志が及ばない世界(それこそが「超越」という意味での「スーパー」と言えるが)があること、その世界とつながることが、この世でより良く生きていくことにいかに大きく関わっているかということを、アキラは症状を持ち、それを乗り越える過程を通じて体験していったと言えるだろう。

## 本当に役に立つこと

どんなに親が合理的に育てているつもりでも、子どもの中には異界のイメージが渦巻いている。行き場をなくしたイメージは、つながりを断ち切られ、その世界に浸ることができなくなればなるほど無秩序に吹き出してしまう。

その結果、頭の中で怪獣との戦いが延々と続いているために、現実的にしなければならないことがあるときもそれが邪魔をしてしまい、集中力がない、とかボーッとしていると言われている子どももいる。そういう子どもは、夢中になれる遊びを通じてちゃんとその異界を生きることができれば自然と集中力も増すのだろうが、目に見える結果を急ぎすぎるあまり、逆に監視の目が厳しくなってしまい、遊びが制限されてしまうこともある。

また、小さい頃から始めれば、将来役に立つであろうと思われる(「この世」の常識で考えると、であるが)さまざまな習い事を、「子どもが嫌がらないから」「本人も楽しみにしているので」という免罪符で子どもに与え続けている親は多い。たいていの子どもは親の喜ぶ顔が見たいので、親の希望に沿うように努力する。

スイミングには行きたいけれど子ども英会話は嫌だ、などとしっかり自己主張する子は、親にとっては扱いにくいかもしれないが、ある意味で力の入れ所をわかっている子だと言えるだろう。かえって素直に言われるままにいろいろな習い事に行く子の中に、友達と遊べなかったり、どこか疲れて無気力になっている子どもがいるように思う。

また、遊ばせることが大切だということが言われるようになると、「遊びの雰囲気の中で学ぶ」という親にとっては何とも魅力的な響きを持つ幼児教育も出現してくる。しかしそれも、役に立つことを学ばせるために遊びを利用するといった意図が大きく反映しているので、それはそれで効果があるにしても、本来の子どもの遊びとは異質なものと考えなくてはならないだろう。

本来の子どもの遊びには目的も何もない。ましてや役に立つからなどということもなく、ただただ、夢中になれるからこそ遊びなのだ。幼児教育がいけないわけではないが、そこでの遊びは、ここで述べてきた成長に必要なエネルギーを得るための遊びとは違うのだということは明らかにしておきたい。

そして、これだけ小さい頃から将来役に立つためのいい刺激を与えているのだからきっといい結果がでるに違いない、という思いを子どもに押しつけすぎると、どこかで子どもがつぶれてしまう危険があることも忘れてはならないと思う。明確な原因があって、そのために子どもが問題を抱えてしまうわけではないのと同じように、いい刺激がたくさんあったから必ずいい結果が生まれるとは限らないのである。

教育産業は親の不安をかき立てて、次から次へと「将来役に立つこと」を子どもに与えるようにと勧めてくる。子どもの将来を考える親にとって、このような流れに乗らずに子育てをすることは、かなりの覚悟と決心が必要になってくる。しかし、子どもが将来困らないように、少しでも早いうちから役に立つことを学ばしてやりたいという親心が、結果的に子どもの生きる力をすり減らせていることもある、という事実も知っておく必要があるだろう。どんなに遠回りに思えても、子どもを生きぬくことが大人へ向けての階段を登っていく力になっていくのである。

# II 異界を生きる

# 1　物語を生きる

## 突然の不幸

こんな話がある。ある夫婦に、とても素直で気立てのいい息子がいた。自分から進んで勉強はするし、親やきょうだいに対しての思いやりも深く、周りからうらやましがられるような息子だった。

ところが、その日の朝まで元気だった息子が急に高熱を出し、風邪だろうと思っていたのに夜半に急変してそのまま亡くなってしまったのだ。

こんなことが現実にあるのだろうか、悪い夢でも見ているのではないかと両親の嘆きは想像を絶するものだった。何の持病があったわけでもない十代の息子の突然の死が、急性心不全のためだと言われてもまったく納得できなかった。その死の不可解さがよりいっそう家族の心の傷を深め、立ち直るきっかけを奪っており、母親は、いっそのこと一緒に死んでしまいたいと、やり場のない悲しみに打ちのめされていた。

やがてこの夫婦に、霊能力者の所に行ってみてはどうか、何かわかるかもしれないと勧める人がいた。もともと、この夫婦はそんなことをまったく信じない人たちだったが、普通では考えられない息子の不可解な死を体験したことが、その夫婦を霊能力者のもとへ動かした。

半信半疑で霊能力者の所へ行ったところ、「息子の霊」が呼び出され、霊能力者にのり移った。そしてその「息子の霊」は、自分は家に代々伝わってきた因縁を清める役目としてこの世に生まれてきていたこと、自分の死によってそれがまっとうされたことなどを話した。自分がすべて背負って逝ったから、因縁はきれいに取れているのでもう大丈夫だとは思うが、あとは何とかお父さんとお母さんで、きょうだいを支えていってやってほしい、と「息子の霊」は訴えた。

両親は、生きていた頃の息子とは似ても似つかぬ声や口調で話す「息子の霊」に、最初はとまどった。しかし、息子がそう言っているのだ、と信じたい気持ちから、徐々にそれが息子の声に思えるようになり、最後には号泣しながらその言葉を聞いたのだった。それからというもの夫婦は、何度も何度もその話を繰り返し、「息子の願いをかなえるために元気を出して生きていこう」と無理やりにでも考えて、何とか気持ちの折り合いをつけようとした。

しかし、やがてそれを夫婦の間だけの話でおさめておけなくなった母親は、その話をいろいろな人に話しはじめたのだった。

そして、その話に聞き入って一緒に信じてくれる人に会うと、息子のためになることをしているような満足感を感じ、その一方で、話をうさんくさそうに聞く人には、露骨な敵意を示すようになっていった。

そのうちに、「もし息子が因縁を背負ってくれなかったら、いろいろな形で親類縁者まで被害が及ぶところだったのに、息子のおかげで助かっているのだから、残されたきょうだいも親類のものも、もっと息子に感謝するべきだ」というふうに話は変わっていったのだった。

## 不幸を心におさめるための物語

不幸な出来事があったとき、人はそれをどう自分の人生の中に位置づけ、心におさめていくのだろうか。

フロイトは、愛する対象を失うことによって引き起こされる一連の心理過程のことを「悲哀」と言い、その悲哀に耐えながら、失った対象と自分との関わりを整理していく営みを「悲哀の仕事」と呼んだ。

先の例は、愛する息子の死という耐えがたい対象喪失を経験したとき、それを受け入れていく「悲哀の仕事」をするなかで、人がどんなイメージの助けを必要とすることがあるのかを教えてくれている。理屈では理解できない不幸な出来事に出会い、この世のどんな因果関係を持ち出して考えても納得できないときに、あの世につながる物語を必要とする人も多い。この夫婦にとっては、息子の「死」という実際にあの世に関係したことだけに、あの世と関わりを持つ物語を無理やりにでも信じることが、不幸な出来事を心におさめていくために必要なことだったのだろう。霊能力者から与えられたあの世に通じる物語がこの夫婦にとってどんなに大切なものであったのかがうかがわれる。

しかしいくらこの世の常識とは違う視点が持ち込まれていても、単に異界に原因を求めるためだけの安直な物語になっているものが巷には溢れている。この「代々の因縁を〜」という物語にしても、原因を異界に求めている単純な因果物語であるとも言える。このような物語を素朴に信じること自体、かなり難しいことではあるが、心に深い傷を負った人は一瞬でも気持ちが楽になるのならと、そのような物語にでもすがりたくなることもある。たとえ単純な因果物語ではあっても「代々の因縁を背負うために生まれ、若くして逝った」という子どもの人生の物語を痛みとともに抱え、その意味をどこまでも深めて自分の核の部分とつながりをもたせながら日常を送っていくことができたら、それは物語を心に納めて生き抜くことになる。ところが日常生活の中で異界にまつわる物語が不用意に他人に語られ、その物語自体が独り歩きするようになると、歪みが生じて新たな苦しみを生み出すことになってしまう。

「悲哀の仕事」の途中で無理に悲しみを忘れようとしたり、失った対象について偏ったイメージを造り上げたりして、その悲しみの苦痛から逃避してしまうと、かえって心は自然なプロセスを見失うことにもなり、対象喪失をめぐる「悲哀の仕事」が未完成になり、かえって心が病んだ状態になってしまう危険もあるのだ。

突然の不幸があった家に霊能力者が赴いて、家族だけしか知らないエピソードを死者と交信することでいくつか言い当てたうえで、家族へ向けられた死者からのメッセージを伝えるというテレビ番組が世の耳目をひいている。死者からのメッセージとしてその霊能力者から伝えられる言葉は、テレビで見る限り、残された家族に生きる気力を取り戻す方向へ働きかける力を持っているようだ。実際、あの世に逝ってしまった死者からのメッセージは、他のどんな慰めの言葉よりも大きな力を発揮しているように見える。

「苦しい時の神頼み」という言葉は、苦しい時にこそ人間の常識的な力を超えた、超越的な異界へのまなざしが開かれやすいという意味であるともとれる。

しかし異界からの視点はこの世の常識で反駁できない強さを持っているので、一歩間違うととても危険なものである。良心的な霊能力者ばかりとは限らないので、「悪い因縁があってそのために子どもは亡くなった。それを解消しておかないと他の子どもにまで祟る」と不安をかき立てるような物語を提示され、高額のお布施を出すようにと言われることもあるかもしれない。そしてあの世に通じる物語がハッピーエンドを迎えられるようにと、常識では考えられないような金額を注ぎ込み、苦しみを深めている人もいる。

物語は何かと何かを結びつける働きがある。子どもの死がただの死ではなく、因縁を背負う意味があったという物語は、異界とこの世を結びつける。しかし異界とこの世を結びつける物語は、時に強烈な異界の破壊力をこの世に持ち込んで常識的な日常を徹底的に壊してしまう危険もある。

人が本当に自分の核と結びつこうとするときに自分の魂の中から生み出される物語には異界の視点が不可欠であるが、異界とつながる物語の危険性は充分、理解しておく必要がある。異界の物語は諸刃の剣である。魂を救いもするが、現実を破壊することにもなりうるのだ。

## 癒しのための物語

思春期は子どもとしての死を迎え、新たに大人へと生まれ変わる時期でもある。そこではいろいろなレベルでの子どもの死を親も体験しなくてはならなくなってくる。

今までは何でも話してくれた子が、「うるせえ、ばばあ！」としか言わない子に変わってしまうのも、親にとってはある意味での子どもの「死」として感じられることだろう。ましてや不登校や家庭内暴力といった子どもの急激な変化は、親にとってまるで、いい子だった子どもが本当に死んでしまったと感じられるくらいの衝撃を与えることがある。

そういった意味では、先に示した実際に息子を病気で亡くした両親の苦しみに近い思いを味わっている親も少なくない。しかし「いい子」を失ったことがどんなに苦しいことであっても、今そこにいる子どもを受け入れていかなくては、子どもの「再生」の道が開かれることはない。

たとえば、学校にいけない子どもに対して、「過保護にされたのが子どもをひ弱にしてしまったのだから、今からは厳しくしてたたいてでも鍛えたほうがいい」などという、原因を説明する単純な物語にそって動いたために、かえって子どもの心に深い傷をつくってしまうこともある。また、息子を亡くした親と同じように、あの世に原因を求め、高額のお布施を出して因縁を払ってもらったのに問題が解決しないと嘆いている人もいる。

原因の追求に必死になり、こういう原因だからこうなったのだという安直なストーリーを振り回してよけいに問題をこじらせたり、人や本から仕入れた「因果関係物語」を何の吟味もないまま子どもに当てはめて、何とかいい方法で「いい子」を生き返らせたいという実りのない努力に疲れ果てていては親も子も救われない。

いい子でなくなった自分の子どもを引き受ける苦痛から逃げるために、その原因を説明するための安直な物語にすがることは、苦しんでいる我が子から気持ちが遠く離れていってしまうことになりやすい。そうすると子どもは壮絶な孤独を強いられることになり、本来持っているはずの立ち直る力も出せなくなってしまう。

症状や大きな問題を抱えるということは、その当人にとっても、家族にとっても想像を絶する苦痛や悲しみをもたらす。しかし、そこから目をそらさず、正面から取り組む過程のなかでしか、癒しのための物語は生まれてこない。症状を抱えた子どもと正面から向かい合うとき、親の方が、単に子どものことを受け入れていくというだけではなくて、自分自身が癒される物語をつくり出していくこともあるのである。

心理療法は、症状や問題を抱えた人が自分を癒すための物語をつくり出していく心の仕事に治療者が同伴し、深く関わっていくプロセスだとも言えるだろう。症状を抱えてしまった子どもがどんな物語を生きているのか、そしてそれがどんなに大変なことなのかを知ることは、子どもと関わる上でとても大切なことである。そういう見方を持つと、安直な原因探しや解決のためのいい方法を求める態度が、いかに子どもの真実から遠ざかっていることだったのかがわかってくる。

ここでは、ある少女のケースを中心に紹介しながら、心を癒すための物語が生み出されていくプロセスについて考えていきたい。（なお、このケースも、プライバシー保護のため、事実には変更を加えている。）

# 2 癒しの物語が生まれるとき――アリサの場合

## 食べられなくなった少女

アリサは小さい頃からわがままらしいわがままも言わないような几帳面でまじめな子だった。のんびりしているわりに我を通すことの多い三歳年上の姉と、腕白で目が離せないが甘え上手の二歳年下の弟に挟まれて、目立ちはしないが、静かな存在感のある子だった。そのアリサが、十歳になった頃から徐々に食が細くなってきた。最初はただの食欲不振だろうと思っていた両親も、改善の兆しがまったく見られず、どんどん痩《や》せてくるので内臓の病気を心配して病院につれていった。そこであらゆる疾患を疑って検査がなされたが、身体的にはどこも悪いところは見つからなかった。

精神的なものだろう、という医師の言葉に両親は、何か困っていることでもあるのか、友達とうまくいっていないのか、と質問を浴びせかけたが、アリサは石のように黙り込むだけだった。聞き方が悪かったかと、優しく食べられない理由をたずねても「わからない」と首を振るだけのアリサに両親は困り果ててしまった。

母親は何とか少しでも食べさせたいと「アリサの好きなものを作ったから食べてごらん」といつも笑顔で勧めるよう努力してみた。しかし、「うん、わかった」と返事はするものの、期待に反してほとんど箸を付けない状態が続くと、どうしようもないいらだちが襲ってきて「親を困らせて何が楽しいの！」とどなってしまい、後味の悪い思いにさいなまれるのだった。

また、ささいなことで意固地になったり反抗的な目でにらむことが増えてきたこともあって、度の過ぎたわがままから食べなくなっているのではないかと感じることもあった。あんなに素直ないい子だったのになぜ、と両親は混乱し、どう対処したらいいのかわからなくなってきた。その挙げ句、怒った父親が無理やりアリサの口の中に食べ物を押し込み、それを吐き出したアリサに手を上げてしまうようなことも起こってしまうほど、家の中には余裕がなくなっていった。そうこうするうちに、とうとうアリサは水も飲めなくなり、小児科に入院し点滴を受けることになったのだった。

アリサの症状は、拒食症とも神経性食思不振症とも言われ、思春期から青年期の少女に発症することが多い心の病気である。一般的にこの病気の患者は、太ることを極端に恐れており、そのため食べ物を普通に食べることができなくなっている。

「食べ物がこわい」「食べなくては、と思ってもこの一口で太ってしまうのではないかと思うと飲み込めなくなってしまう」「食べると体に悪いものが入るような気がして気持ちが悪くてだめ」と食べられない理由を言う子もいる。しかしそれを聞いた大人から、「世界には餓えて死んでいく子どももいるのに何を贅沢なことを言っている」「全然、太っていないのにそんな心配をするのはおかしい」といった反応ばかりが返ってくると、どうせわかってくれない、と心の扉を閉じてしまい何も言わなくなるか、攻撃的な反応しか返さなくなってしまう。

また、自分では食べなくても食べ物自体には関心が強く、料理やお菓子を多量につくって親やきょうだいに食べさせたがることがある。その様子はまるで自分の胃の代わりを家族にさせているようにも映る。そしてつくったものを特定の家族やきょうだい(母親や女きょうだいのことが多い)があまり食べなかったりすると、常軌を逸した怒りを表わしたり、よけいに食べなくなったりする。そういった言動から、自分の思い通りに周りが動かないと癇癪を起こすようなわがまま病だ、という印象をより強く周囲に与えてしまうこともある。

その上、客観的に見ると倒れてしまいそうなほど痩せていても、本人はまだ太っているからもっと痩せなければと思っていることも多い。そして、どんなに痩せていて大変な状況なのかということを、あらゆる方法で説明しても、本人が納得することは少ない。そのため最悪の場合、命を落とす危険もある。

また、拒食だけで終わらず、一転して、際限なく食べては吐くといった過食嘔吐に移行することもある。そうなるとますます、空腹感と満腹感といった普通ならば自然にわいてくるであろう感覚が混乱し、適当な量の食事を摂ることが困難になってしまう。太りたくない気持ちと、何かを食べないと満たされない気持ちの狭間で拒食と過食を周期的に繰り返すようになってしまう。

しかし中にはこのアリサのように、痩せたいと思っているわけではないのに、どうしても食べることができなくなっているケースもある。痩せ願望(女性的な体つきになることを嫌がる傾向も含めて)が強い子でも、なぜ自分がこんなにまで痩せている体を求めてしまうのか、そして食べ物にこだわってしまうのかは、よくわかっていない。そしてたとえはっきりわかっていたとしても、その思いを簡単に変えられるわけではない。まして、痩せたい気持ちがあるわけではないのに食べられない場合には、自分でもまったくわけがわからないのに、「どうして食べないのか」と聞かれても、子どもはまず、答えられない。

筆者の印象では、アリサの場合のように、十歳というかなり早い段階で症状が出ている子には、明確な痩せ願望が意識にのぼっていることは少ないように思う。

「精神的な問題によるものだ」と言われると、どうしても大人の頭の中に浮かんでしまうストーリーがある。それは、何らかの悩みとか、ストレスとかがあり、それが原因となってこんな状態になっているのなら、その悩みを聞いてやれば良くなっていく、といった筋立ての物語である。これは、学校にいけない子に対してもよく適用される。その子の抱える課題がそう重くない場合は、確かに周りの大人のそういった真剣な働きかけをきっかけに解決へと向かうこともある。しかし、そんなわかりやすい筋立ての物語を生きていない、課題の重い子どもにとっては、たとえどんなに優しく問われたとしても何も答えようがない。

そして困ったことにそんな状態の子どもに対しては、関わった大人のほうに「こんなに優しく下手に出てやったのに何も言おうとしないとはなんて生意気でわがままなやつだ」とか、「精神的に弱いからこんなことになってるんだ」といった、攻撃的な気持ちがわいてくることも少なくない。アリサの両親も、まさにこの罠にはまってしまったと言えるだろう。

## 世界のすべてを拒絶する

入院してからのアリサは自分の唾液すら飲み込めなくなり、すべてティッシュに取るようになっていた。そして点滴だけでは十分な栄養が摂れないので、鼻から胃にまでチューブを通しておき、そこから機械的に栄養剤を注入される(以後、鼻注と略す)ことになった。それはアリサの命を守るためには仕方のない処置であったが、アリサには耐えられないことだった。そのため、チューブを折り曲げて注入できないようにしたり、胃が気持ち悪いからやめてくれ、と大騒ぎしたりするようになり、病棟一の問題児になっていった。そして心理的なアプローチの必要性を強く感じた小児科の主治医から、アリサは筆者のもとへ紹介されることになったのだった。

小児科からの情報によると、病棟のあらゆる決まりに対する拒否が強く、入浴はもちろんのこと、顔も洗わず歯もみがかない状態がずっと続いているという。どんな働きかけに対しても徹底的に拒絶し、スタッフとはまったく口もきかないので、手のほどこしようがない、とのことだった。

拒食という症状を持っていること自体、あらゆるものを拒絶しなければならない状況に陥っていることを意味しているといえる。アリサは食べ物を食べないことで、自分を取り巻く世界を拒絶していたが、鼻注によって強制的に栄養を取り入れなくてはならなくなってからは、拒食という拒絶の表現の手段が使えなくなっていたため、さらにかたくなな拒絶的態度でしか外界と関われない状態になっていたのだろう。

アリサはかなり痩せてはいたが、髪の長いきつい目をした美しい少女だった。この子は命を賭けて世界を拒絶している、という強烈なインパクトが彼女との出会いの印象だった。そして孤独な戦いに挑んでいるこの子の力に何とかなりたい、という気持ちが筆者の中に強く起こってきた。こういう子どもに魅かれてしまうのが、心理療法などというヤクザな道を選んでいる者の業《ごう》の深さなのかもしれない。

彼女の拒絶は、普通の尺度で考えるとやはり度の過ぎたわがままととらえられても仕方のないものだと思う。しかし、治療者として彼女と関わる以上、それをわがままとだけとらえていては何もできない。とは言え、現実との接点をことごとく拒絶しているアリサに共感していくことは、筆者自身にとっても、今までの存在基盤から離れた場所で変容に関わっていくのだという相当の覚悟を強いられるものだった。治療者にこれほどの覚悟とやる気を出させるクライエントは、抱えている課題は重くても、それだけ力を持っていると言えるだろう。

このようにして、アリサとの物語は始まったのだった。

## 家庭の基盤を断ち切る

最初からアリサは筆者と会うことを嫌がらなかった。そして二度目に会ったときには、プレゼントだと言って、金色の折り紙で作った勲章をくれた。筆者としては、アリサの方からも、これからの治療の同伴者として筆者を選んでくれたのだという喜びと、大変なことになるかもしれないという抜き差しならない緊張感の中でそれを受け取った。

大変なことはすぐに起こった。入院してから治療者に会うまでの半年間、アリサは週末は自宅に外泊していたが、治療が始まってしばらくすると、「家に帰りたくない」と言い出したのだ。「お父さんは食べない私を見ると不機嫌になるし、お母さんは悲しそうな顔をするし、お姉ちゃんや弟は普通に元気だから、その中にいるのが嫌だ」というのが彼女の帰りたくない理由だった。家族の中でひとりだけ違う世界に生きているアリサにとって、家族との日常的な関わりはきついのだろうなあと思ったが、「そっかー」とだけ答えていた。しかしアリサには筆者の心の声がちゃんと聞こえていたようで、まるで面接を支えにしたがごとくに、その週末の外泊をトイレに何時間も立てこもって拒否してしまったのだ。

そしてその時の様子をうれしそうに生き生きと話してくるアリサを前に、いよいよ家庭の基盤まで断ち切って心の仕事を一緒にしていかなくてはならないのかと、筆者は何度めかの覚悟に、ため息のでる思いだった。

こういうクライエントと関わっていく時の落とし穴として、共感が深まるあまり、治療者までがクライエントを取り巻く環境や人々に対して否定的な感情を持ってしまう、ということがある。日常とは違う次元で心の仕事をしていかなくてはならないのは当然だが、いつも現実との接点を見失わないように心がけていないと、周囲との関係が治療者の方まで悪くなり、まったく治療的に働かなくなってしまう危険がある。二人で孤立してしまっては、クライエントがますます日常の世界へ帰れなくなってしまう。

そういった危険を避けるためにも、周囲の人たちに現在の状況と、ある程度の見通しを説明しておくのは心理療法の大切な仕事である。

治療者から見ると、「自分を取り巻く日常の世界の拒絶」がアリサのテーマになっている以上、心理療法が始まった今、そのテーマがより明確になり自宅への外泊拒否が起こってきているのではないかと考えられる。しかし、他の医療者や家族にとっては、今までしていた外泊までしなくなるというのは悪化としか考えられない。このままではいつまでも退院ができなくなってしまうのではないかという不安が強まるのは当然のことである。

心理療法という関わりを持ちはじめたことによって、いろいろと変化が起こって来ていること、その変化のためにしばらくの間は家に帰れなくなることもあること、だから本人が言葉で外泊したくないと表現したときは認めてやってほしい、このまま外泊ができなくなってしまうわけではないから、と主治医や家族には説明をした。そしてアリサの方にも、トイレに立てこもったりせずに、「外泊したくない」とちゃんと言葉で言うようにと伝えておいた。

症状を抱えてしまった子どもの親の中には、「よくならないうちに家に帰してもらっては困る」と、自分たちと関係ないところで、もとの子どもにもどしてもらいたがる無責任な人もいる。しかしアリサの両親は、決してそんなふうに子どもと切れてしまうタイプの人たちではなかった。それだけに、自分たちがしたことが、アリサの外泊拒否につながってしまったのではないかと気に病んでおられたのだった。見舞いにはこまめに来てほしいこと、治療が進めば、また外泊するようになること、そしてその時には今までとは違う関係になっている可能性があることなどを伝えた。また、決して単なるわがままや、育て方の問題で食べられなくなっているわけではないことも話し合った。

アリサの両親とちゃんと話ができたことで、治療の地盤が固まったという安心感は得られたが、これからの治療の道程の厳しさを思うと、筆者は内心、不安でたまらなかった。

## 「超わがままなお嬢」

筆者の不安をよそに、アリサは面接に喜んでやってきて、箱庭に興味を示して取り組むようになった。

最初の作品では、うっそうと繁った木の陰に、翁《おきな》に発見されているかぐや姫が置かれた。そして次の回にも、まったく同じような木の繁みがつくられ、今度はかぐや姫の代わりにひざを抱えた女の子を置き、「これが私なの」とうれしそうに言っていた。このあと作られるどの作品にも、どこかに自分を示す人形か、かぐや姫が必ず置かれていた。このようにして、アリサは箱庭の中に自分の居場所をつくっていった。

そんな様子と、実際のアリサの外見から受ける印象から、筆者にはアリサ自身がかぐや姫のように思われた。そして誰にも心を閉ざしていたアリサが、拒絶以外の手段を使って自分を表現しはじめたことにただ感動していた。

やがて箱庭には、「超わがままなお嬢」というキャラクターが登場してきた。そのお嬢を使ってアリサはいろいろな話をつくってくれたが、そのほとんどが、メイドをこき使ったり、優しくしてくれるボーイフレンドに無理なことを命令したりする、お嬢のわがままぶりを表現する話だった。

「あんたなんか大嫌いよ、ふん！」「一億円持ってきたらデートしてあげてもいいわよ」「あんたみたいな気のきかないメイドはクビよ！」といった調子で、アリサは生

図 2　かぐや姫を中心にして

図 3　箱庭の木と花

き生きとして悪口雑言を吐き続け、そのお嬢の話に夢中になっていった。そのつど、筆者はまぬけなメイドになって謝ったり、何でも言うことをきくボーイフレンドの役をやるはめになり、「申し訳ありません、お嬢様」と繰り返していた。そんなやりとりをしながら、アリサの「超わがまま」な部分が、今、このお嬢で表現されているのだろうなと感じていた。

そしてどうも「超わがまま」ぶりは現実生活から、箱庭の話へと移行していっていたようだった。外泊はしたがらず、鼻注の時には嫌がってすねるものの、洗面や入浴はするようになり、スタッフとも話ができるようになるなど、病棟生活が少しずつ改善されてきたのだ。

自分を自由に出していいという場を得たとたん、アリサはどんどん、自分に必要な物語を箱庭を使って語りはじめた。しかし、こういう流れが生まれるためには、その裏で実に多くの人の協力がなくてはならない。

唾液も飲めないアリサにとっては、どんなに嫌がろうとも強制的な鼻注は必要不可欠だった。栄養を取り入れない自由を許していてはアリサの命が危なくなるため、身体管理をする病棟スタッフは、どうしても憎まれ役をしなくてはならなくなる。このように身体管理が必要なクライエントに対しては、身体管理をするスタッフと心理的なアプローチをする者とを完全に分けたほうがうまくいくことが多い。身体管理をすっかり任せられる主治医とスタッフがいるからこそ、筆者は安心して、食べられるかどうかといった次元の話をまったくせずに関わっていけるのだ。

それでも正直に言って、病棟での適応がよくなってきたのは筆者にとってとてもほっとすることだった。時には心理療法が始まってからどんどん病棟での適応が悪くなっていき、いくら話し合っていても、何とも言えない気まずいムードが治療者とスタッフの間に起こってしまうこともある。中には、自分の心の中の葛藤を、治療者とスタッフを対立させるという形をとって、外側の問題として映しだすクライエントもいるのだ。

ともあれこの頃は、箱庭に一生懸命になるアリサをじっと見守り、その世界をただ共有していく、という実に静かな面接が続いていた。筆者は、箱庭を通じてアリサがつくる物語の脇役兼観客、といった立場だったと思う。しかし、アリサが「超わがまま」を生きぬくのには、それだけではすまなかった。ほうっておけば死んでしまうくらいの症状を抱えている少女が、この程度のことで変わっていけるわけはないと覚悟はしていたが、治療開始からの三ヵ月間の蜜月は終わり、新たな幕が切って落とされたのだった。

## 秘密の告白

ある日、アリサはやってくるなり芝居がかって見えるほど大げさにわんわん泣きはじめた。そして、「ずっと先生に話そうか、話すまいか迷っていた秘密がある」と潤んだ大きな目で筆者を見上げた。

その秘密とは、三年前に姉の国語の教科書と、弟のゲームソフトをこっそり捨てたことがある、ということだった。

アリサと姉とは二人で同じ部屋を使っていたが、几帳面に整理整頓をするアリサに比べ、姉は本やドリルがなだれを起こすような状態でも平気なタイプらしい。それに嫌気がさしたアリサが、自分の領地に侵入してきた姉の教科書を登校途中の溝に捨ててしまったのだ。また、弟が買ってもらったばかりのゲームソフトを姉とアリサの部屋に持ち込んでそのままほったらかしにしているのに腹が立ち、同じようにして捨てたのだという。

「教科書が家でなくなった」と姉は騒いだが、「始末が悪いからだ。アリサを見なさい、ちゃんとしているのに」と両親に叱られたらしい。そんなことがあってしばらくの間は、姉や弟が怒られるときに、「アリサを見習いなさい」と引き合いに出されることがうれしくてたまらなかったが、そのうちにだんだん苦しくなってきたのだという。「アリサはいい子だねと言われても、本当は違うのに、と思って辛くなってきたの」とさめざめと泣いて訴えた。

「いい子」を演じていた子の心の中の重く暗い闇に触れた思いで筆者は言葉を失った。しかし同時にその涙の告白の中に、今までのアリサとの関係では感じたことのなかった何かのうそっぽさを微かに感じ、自分のその感覚にとまどってもいた。念のため付け加えておくが、食べられなくなった原因がこういうことにあったんだと、秘密の告白で謎解きができるような単純なことはありえない。

アリサが姉と弟の持ち物を捨ててしまったのは本当のことだろう。そしてそのことで罪悪感を強く感じ、よけいに「いい子」でいることに拍車がかかり、辛い思いをしていたのもうそではないと思う。だのに、その話がうそっぽく思えるほどの、違うレベルでのメッセージをアリサは筆者に送ろうとしているのではないか、といったもどかしさがたまらなかった。

その、何かが違うという感じは、アリサの「私の代わりに、先生のほうからお姉ちゃんと弟に手紙を書いて、本当のことを知らせてほしい。それで絶対、怒ったりしないで、と頼んでほしい。そうしてくれないと二度と家には帰れない。お願いだから書いて」という涙の訴えでよけいに強くなった。

心理療法をしていると、クライエントの要求にどう反応すればよいか、といった判断を迫られることがよくある。心理療法の原則から言えば、アリサの言うような依頼には応じないのが普通である。しかし、原則は原則として厳然とあっても、個々のケースの中で、なぜこのクライエントが、この時期に、この要求を出してきたのかをよく考えなくてはならない。考えたり悩んだりした上で判断せず原則にばかり忠実になってしまうと、原則が服を着て治療しているような血の通わない関係になってしまい、治療にならない。その時、どれほど治療者が心のエネルギーを使って判断したかが、治療の方向を決定づけてしまうこともあるのだ。

この時期の、きょうだいに手紙を書いてほしいというアリサの要求は筆者にはとても違和感があった。外泊もせず、家族の基盤から離れて心の仕事をしているアリサにとって、今、この時期に筆者を通じて昔の秘密をきょうだいに知らせる意味はいったい、何なのだろう。現実との接点をそういった形で持っておきたいのだろうか。これは外泊への大事な布石になることなのだろうか。頭の中であらゆる可能性を考えても、何かこれは違う、という直感を否定できるだけのものは浮かんでこなかった。

## 裏のメッセージ

やはり断わるほうに賭けようと決意して、かなり緊張しながら、「それはできないな。伝えるのなら、言える時が来たときに自分で言ったほうがいいよ」と答えた。するとアリサは、ほっとしたような表情をみせた。えっ、どうしてそんな顔をするのかな、断わったのに、と筆者は内心びっくりした。そしてさっきまでの涙の告白は何だったのだろうと思うほどのけろっとした笑顔で「ふーん、そう。それならそうする」と言い、まったく関係ない話を始めたのだった。

クライエントは要求をぶつけてみることで治療者の力を試すことも多い。あとで振り返って考えると、この一件もアリサにこちらの力を試されていたのだなということがわかる。

「いい子をやってる私と世界を共有することはできても、いい子じゃない私を本当に受け入れるだけの力を持っているの？　ちょっと揺さぶりをかけたぐらいではいほい簡単に現実とつながったりしたらもうだめだからね。現実とは違うレベルでちゃんと一緒にやってくれるよね」というメッセージが秘密の告白と要求の裏には隠されていたように思う。

ここで筆者がアリサの涙に乗せられて、きょうだいに手紙を書くような方向で動いたら、表面的には要求が通ってうれしいはずなのに、何か信用できないもやもやとした感じを筆者に対して抱いたのではないだろうか。だからこそ、表面的な要求より自分の本当に伝えたかったメッセージのほうに治療者が反応して、現実的な動きをしないように判断したとき、ほっとしたような表情になったのだろう。

断わっておくが、こういったこちらの力を試すようなことは意識的にわざとしているわけではない。裏のメッセージとして筆者が感じたようなことを言葉で表現できればいいのだろうが、そういうことができる人は多くない。まして子どもには無理である。そうすると、どうしても治療者を困らせたり、感情を揺さぶるようなことを言ったりする中で、どれほど心のエネルギーを使って関わってくれる相手なのかをはかることになる。

ここで少し筆者の臨床の個人的な特徴に触れると、クライエントの言うことをそのまま受け入れることはかなりのことまでできるのだが、断わるとか、だめだと言うことにはパワーを使う方である。苦手と言った方がいいかもしれない。そういう治療者の弱点をクライエントはよく知っているものだ。明らかに禁止したり断わった方がいいようなことであれば別だが、クライエントとの関係を大切に思うと断わりにくい、という微妙なレベルで揺さぶりをかけられると、実に困ってしまうことがある。

特に、関係がまだ不安定な時期であったり、どうしてもそのクライエントに気持ちが入っていきにくい時など、断わると関係が切れてしまうのではないかといった治療者側の不安や、共感できなかった罪悪感が判断を狂わせる時もある。治療者の方が自分の不安に負けた形でクライエントの言い分を通してしまうと、かえってクライエントは混乱する。治療者が「だめだ」とか「それはできない」ということを自分自身を賭けて言うことができないと、歯止めをなくして、わざとらしいと思えるようなことを何度も繰り返すようになってしまうのだ。

また、時には心理療法の原則を破ってでもクライエントの要求に応えるほうに賭けなくてはならないこともある。しかし、もちろん、要求に沿うことが治療者の不安の言い訳になってしまっては何にもならない。筆者も、関係が切れてしまう不安からクライエントの表面的な言い分に物わかりをよくし過ぎたために、かえってクライエントの不安と不満を増大させてしまったという、申し訳ない経験が過去にある。

話が横道にそれてしまった。

ともあれ、アリサはひとつひとつ筆者との関係を確かめて、その安心感の中で「いい子でない自分」をぞんぶんに出しはじめた。

## ぞんぶんにわがままをする

秘密の告白があってからというもの、アリサはやっと安心して自分が出せる、とばかりに治療場面で退行しはじめた。筆者としては、秘密を受けとめ、その秘密を現実の問題として還元しなかった以上、いい子でないアリサと徹底的につきあう覚悟をせざるを得なかった。本当にアリサには何度覚悟を新たにさせられたことだろう。

この時期、アリサは箱庭には見向きもしなかった。面接室に入って来るなり、筆者の名札や腕時計をくれと強い調子で迫ったり、すがりつくようにして「ねえねえ、お願いだから本を買ってよ」と懇願したりしてきた。

そういった彼女のさまざまな要求に「それはできないな」と筆者が応じないと、とたんにワンワン泣き出し「ばかやろー！　ケチ！」と繰り返して叫び、真っ赤になって激怒した。しかし、ふとしたきっかけで、急にけらけらと笑って筆者の手をとって甘えてくるなど、スイッチを切り替えるようにころころと機嫌が変わり、まるで癇の強い赤ん坊と過ごしているようだった。

面接は週に一回、五十分、精神科の外来で行なっていたが、時間になっても、病棟には帰らないと泣き叫んで、机の下に入り込んで出てこなくなることもよくあった。また「面接を毎日にすると約束してくれないと外に出さない」とドアの前に仁王立ちになったりしていた。

このとき気をつけていたことは、アリサ一人を部屋に残してこちらが出ていくようなことはしない、緊迫感のある雰囲気にはしない、という二点だった。

机の下に入り込んで泣いていたら、側に行って「お嬢さん、お時間ですぜ。出てくだせえ」とか言いながらだっこするような形で引き出したり、机の足にしがみついていたら、「ちょっと失礼！」とこちょこちょとくすぐって手を外したりして、なるたけ遊びの雰囲気を壊さないようにして関わった。アリサもそうやってこちらが半分ふざけたようにしながら関わっていると、すごい泣き方をしていても途中からつい笑い出してしまうこともあった。この頃のアリサとの関わりは二歳ぐらいの子どもをあやす感覚ととても似ていた。

こんな時にこちらまでマジになって「五十分の約束でしょ。約束を守らないと困ります」などと眉をつり上げていてもどうしようもない。一週間に五十分しかないことに憤っているのだから。だからといって、安易にクライエントの言う通りに時間を延長したり、面接の回数を増やしたりすると、かえってクライエントを不安にさせてしまう。

先にも述べたが、要求をぶつけ、それがどの程度とおるものなのかを試すことによって、自分を守る器の強度をはかっていることも多いからだ。自分が無茶を言っても、ちゃんと壁になって度が過ぎないように守ってくれる相手がいることはとても大事なことである。それがあってこそ、子どもは安心して自由に自己表現できる。

## 壁としてのエネルギー

子どもの気持ちから離れることなく、壁の役割を果たすのにはずいぶんとエネルギーを使う。子どもは自分に対して向けられるエネルギーの強さにはとても敏感だ。そのため、大人が壁になるためのエネルギーを惜しんで、何でも子どもの言う通りにしてしまう環境にあると、「子どもの自由を尊重しているのだ」といった大人の思惑とは逆に、子どもの方は「自分は本当には守られていない」といった不安や不満を抱くことも多い。本当の自由を子どもに与えるためには、大人はかなりのエネルギーを使わなくてはならない。

子どもにちゃんとエネルギーを使って関わっていない罪悪感がベースにあると、子どもの言うなりに物を買い与えたり、叱るべきときにまったく叱れなかったりする。そういう関わりしか与えられていない子どもは、甘やかされているのかもしれないが、成長に必要な甘えは味わっていないことも多い。甘やかされているのと、甘えたい時に甘えさせてもらっているのとは大違いである。わがまま放題を許されている子どもが、どこか不安定で寂しげな印象を与えるのは、本当に欲しいものをもらっていないからなのだろう。子どもが本当に欲しいのは、自分に対してエネルギーを賭けて対峙してくれる相手なのだ。

とにかく、アリサと会うのにはかなりのパワーを要したが、よっしゃ、いっちょやるか、といった気合いが入るのも確かだった。アリサとの面接時間のあとは空き時間にしておき、何があっても対応できるようにしておいた。時間に余裕をもっておかないと、次のクライエントが待っているのにという治療者のあせりは決していい結果を生まない。

結果的には、アリサは十五分以上いすわるようなことはしなかった。どこかで筆者の力の限界をよくわかっていて、アリサの時間外の騒ぎが重荷で耐えられない、と感じるところまでは追いつめないでいてくれたのだと思う。先にも、治療者にやる気をださせるクライエントは、どんなに抱えている課題が重くても、力を持っていると述べたが、まさにアリサはそんな少女だった。

中には、泣き方ひとつとっても、何かうさん臭いなあとこちらが感じてしまい、気持ちをあわせていくのにとても苦労するクライエントもいる。しかしアリサに対してはそういった方向での苦労はしなくてすんだ。アリサの言動すべてから、どんなに悪い子でも見捨てないか、という真剣なメッセージを感じることができたからだ。幼い頃、手のかからない、いい子だったアリサが、とことん手のかかる子として育ち直している。ここを通らないことには、病んでしまっている部分をどうすることもできない。そういう必然性が感じられたので、大変ではあったが見通しのきかない不安はあまりなかった。

面接場面で思い切り「超わがまま」な部分を出せるようになったためか、症状自体はまだ唾液も飲み込めない状況ではあったが、病棟での適応はどんどんよくなってきた。こういった場合、面接の中でのわがままが顔を出して、いったん、よくなった病棟での適応がまた崩れてしまうという経過をとることもままあるので心配していたが、その点ではアリサにずいぶん救われた。

このような育ち直しの作業が三カ月ほど続いたあとで、この治療の一番の山場とも言える、とても印象的な出来事があった。

## 失敗が許されないゲーム

その日のアリサは、とてもご機嫌な様子でやってきた。そして久しぶりに絵が描きたいと言い、女の子や犬、猫、うさぎなどを楽しそうに描いていた。筆者は、治療が違う段階に入ってきたのかなと感じ、少しほっとした気持ちでアリサの様子を見ていた。しかし、そんなほっとしている場合でないことはすぐに思い知らされた。

アリサは筆者に目をつぶるように言ってきた。そしてその間に絵に細かな修正を加え、どこが変わったのかを筆者に当てさせはじめたのだ。それは女の子の髪の毛をひとすじとか、猫の毛並みを薄くほんの少しだけ描き足すといった本当に小さな変化だったため、筆者はまったく当てることができなかった。アリサは筆者が間違えるたびに、「どうしてわからないの！　ちゃんと見てないんじゃないの！」と本気で怒ってきた。どんな小さな変化も見逃して欲しくない、というメッセージが込められているのだろうなと思い、何とか正解したいものだと「もう一回」「もう一回」と必死になってがんばったがアリサの問題は難し過ぎて、ひとつもできなかった。

「私の（抱えている）問題はこんなにも難しいのよ。簡単に解けないでしょう」とアリサは伝えたいのかもしれないと、この無理なゲームの裏の意味を感じながらも、ついに「これはとても当てられないわ」と筆者は降参した。怒るかな、と思ったがアリサは「そっかー」と言っただけでしばらく考え込んだ。

そして、「じゃあ、今から私がたたくリズムを同じようにたたき返してよ。それで、その次は先生がリズムをたたくのを私が同じようにたたくからね。交代でやろう」と真剣な表情で提案してきた。

　手拍子で短いリズムを打ち終わると、はいどうぞ、といったように筆者の顔を見る。筆者はアリサが打ったのと同じように手拍子を打つ。「ピンポーン！　正解です。次は先生からだよ」というアリサの言葉に従って今度は筆者の方が先にリズムを打つと、それをアリサがこだまのように返してくる。それを繰り返しているうちにだんだんアリサの刻むリズムが長くなってきた。どうもアリサは何か歌を思い浮かべながら、そのメロディーにあわせて手拍子を打っているようだった。だから、どんなに長いリズムでも、筆者が間違ったらすぐにわかってしまいそうだった。

　筆者は胸がドキドキし、手はじっとりと汗ばんできた。すごく緊張してきたのだ。このゲームは、絵の描き足し当てのような一方的で無茶なものでないだけに、アリサの真剣勝負には迫力があった。間違えたら治療が失敗するだけではなくて命がなくなるのではないか、魂を取られるのではないかといった何とも形容しがたいような恐ろしさがあった。魔女とロシアンルーレットをしたらこれぐらいこわいだろうか。

　それはおねしょのアキラとのトンネル掘りの時に感じたような、敬虔な態度を取らざるを得ないような緊張感と同様のものだった。しかし、アキラの時とは比べものにならないほど、間違えてしまったら取り返しのつかないことになる、という恐怖は強かった。失敗する確率の高いゲームであるだけアリサの抱える課題がアキラより重いということなのだろう。

日常の世界のこととして考えれば、たかが手拍子をたたきあうようなゲームを子どもとするくらいで、間違えたら命を取られるのではないかというほどの緊張感を抱くなど、まったくばからしいことである。しかし、治療場面は日常とは違う掟のある異界である。アリサは何度も何度も、いろいろな手段を使って、治療場面が日常とは違うレベルにあることを筆者に確認してきていた。そこで行なわれることは、たかがゲームなどとは言えない厳しさを含んでくる。

そしてそこで筆者の感じた恐ろしいまでの厳しい世界は、そっくりそのままアリサの今、生きている世界の恐ろしさ、厳しさであるのだろう。日常の世界を拒絶した中で生きなくてはならなくなっているということがどれほどのことなのかを垣間見たように思う。また、このゲームの中には、どこまで正確にアリサの発するサインを筆者が読み取れるか、また、筆者からのメッセージをアリサが受け取れるか、といったお互いの関係を確かめあうような意味も感じられた。

このゲームは時間いっぱい行なわれた。筆者はなんとか間違わずにアリサのリズムを返すことができたようだった。病棟に手を振って帰っていくアリサを見送った後、筆者は記録をつける気にもなれないほどぐったりのびてしまった。

アリサの面接の後はいつも、余裕時間を挟んで、無気力で何もする気が起きないという主訴のクライエントの予約が入っていた。アリサとの嵐のような面接と比べて、そのクライエントとの時間は、ほとんど変化の起きない忍の一字の面接が一年以上続いていた。

ところがアリサの育ち直しの時期の頃から、そのクライエントも今までは家に閉じこもってばかりいたのに、病院に来る以外にも本屋に出かけるなど、少しずつ変化が見えてきたのだ。表面にはまったく出てこなかったけれど、同じ時期にこのクライエントも心の深い部分で育ち直しをしていたのかもしれない。

心理療法をしていると、関わっているクライエントが同じような時期にいっせいに山場を迎えたり、それを越えていったりすることがよくある。そんな経験を何度かすると、クライエント同士は現実には顔を会わせることもないのに、治療者という媒介者を通して心の深いところで影響しあっているのだろうなと感じ、治療者としての見えない責任に身が引き締まる思いがする。

クライエントは、抱えている課題はそれぞれ違っても、この世で当たり前に生きることが出来にくくなっているという状況は同じである。そんな苦しい世界に生きているひとりのクライエントにとことん共感できると、それが他のクライエントへの共感へと広がっていく。アリサとの命がけのような気分にさせられる面接を体験したことが、他のクライエントに対する筆者のありかたに大きな影響を与えていたことは間違いないと思う。

アリサとの決死のリズムゲームがあった日に、前述の無気力を主訴としているクライエントが、本屋でアルバイトを始めようかと思っている、と報告してきた。五年間も学校へもどこへも行けなかった人がそういったことを思いつくのは、もう考えられないような大変化である。辛い思いをしながらも誠実に現実と関わろうと決意をしているその様子を聞きながら、ああ、あのリズムゲームをクリアして、生きてこの人のこの話を聞けてよかった、などと感動していた。

このように心理療法の現場にいると、日常の世界で普通に暮らしている人から見れば、どうということもないと思われるようなことに激動のドラマを感じることがある。

## 夢が語りかけるメッセージ

緊張の極みのような面接を越えてからというもの、アリサは最初の頃のように穏やかに絵を描いたり、箱庭の中にかぐや姫を中心としたおとぎの国をつくったりし始めた。面接開始当初と同じようにといっても、育ち直しの大騒ぎの挙げ句、あの真剣勝負の時間を共に過ごしたという重みが、以前とは違った深い信頼感をつくっているように感じられた。

そしてある日、「先生、すっごい高いプレゼントをもらった夢をみたよ」と突然に夢の報告があった。

ちなみに筆者は、面接治療のなかで夢を報告してもらうことをよく行なっているが、アリサには夢のことなどこちらから話題にしたことがなかった。クライエントと会っていると、このようにして面接の中で突然、自主的に夢の報告がされることがあり、とても興味深く聞くことが多い。夢は日常の常識的な世界を超えた異界からのメッセージであると考えられるので、クライエントの生きている世界を知る手がかりになる。あのリズムゲームを通じて厳しい世界を共有したことで、夢という新たなメッセージの回路が開いたのかもしれない。

アリサの夢は次のようなものであった。

「鼻からチューブを入れたままで運動会に出たの。私は運動は大嫌いだけどその時はなぜか運動会に出ていたみたい。お昼になってみんな家族の所でお弁当を食べるためにいなくなってしまった。私は何も食べれないからどこへも行けないんだなと思って悲しくなってた。そしたら、すごくかっこいい男の人がこっちへおいでって私を呼んでくれた。何だろうと思って行くと、ダイヤの指輪を、プレゼントだよ、と言ってくれたの。こんなすごいもん、どうするんだよと思ったけど、こんなの持ってるの私だけかもな、と思ってうれしかった。」

家族とのつながりと「食」を絶っているアリサに、「ダイヤの指輪」という現実の年齢には不相応に高価で、しかも結婚を連想させるものが男性からもたらされている。症状を抱えていることが何か大きなものを得ることにつながっているのかもしれないが、年齢相応に、日常的なレベルで役立てていける種類のものとは言えないだろう。

筆者自身もアリサには、普通の生活を送っている子どもには見られないダイヤのような鋭いきらめきを感じていた。しかし、それは日常の世界の尺度で輝いているわけではない。このきらめきを持ったままで日常の世界へ帰ることができたなら、どんなにか素晴らしいことだろうが、このきらめきは症状を持つ代償として与えられているものなのだ。(このきらめきを現実の世界に通用する形で表現できる人が、芸術家なのだろう。)

また「運動会」という、アリサが「大嫌い」であるという「身体」を使うイベントに取り組もうとしていることから、今まで拒否してきたものとの接点を持つ動きが、心の深い層では芽生えているのかもしれないと思った。

それから一カ月ほどたってからの面接の帰り際のことだった。アリサはふと思いついたように、「今週は家に帰って外泊しようかと思ってる」とつぶやいた。夢の中にかすかな気配を感じてはいたものの、その面接では何の前触れもなかっただけに筆者はびっくりして「へえー、そうか。ゆっくりできるといいね」とだけ答えた。しかし内心は、これはすごい、日常との関わりを持ちはじめようとしているんだと、新たな展開にとても興奮していた。

アリサが外泊をしなくなってから半年以上が過ぎていた。いくら両親や姉弟がしばしば見舞いに来ているとは言え、病院という特別な場所から外に出て、家の生活に関わるのはアリサにとって大変なことだろう。しかし、育ち直しの時期をある程度越えた今、新生アリサとして、家との絆を新たに結び直していくのはとても重要なことだ。以前のいやいやしていた外泊とはきっと何かが違っているはずである。

外泊の一件からもわかるように、強制されることには反発でしか応えようとしない「超わがままなお嬢」だったアリサが、内的な心の仕事が一段落すると、ちゃんと自分から動きはじめた。このことは、内的な段階を踏んでいけば、アリサの厳しい拒食の症状も少しずつ解消していくのではないか、という一筋の光として筆者の心を明るくしていた。しかし、治療者たるもの、簡単に楽観しすぎてはいけない。その楽観には思わぬ落とし穴が待ち構えていた。

## 心を見失う

外泊を終えた後すぐに、アリサの両親から連絡が入った。それによると、両親に対しての態度は、病院で会っている時よりずっと穏やかで、素直で優しかった昔のアリサにもどったようだったという。姉や弟たちともとても楽しそうに遊んでおり、以前の外泊の時のような距離のある雰囲気とは違っていたとのことだった。また、治療者からいくら説明を受けていても、あまりにも長い間外泊をしたがらなかったので、実のところは家が嫌で帰ってこないのではないかといろいろ心配していたが、今回の外泊の様子を見て本当に安心したと喜んでおられた。

そんな報告を聞いて筆者は心からほっとして、うれしくてたまらない気分のままでアリサとの面接を迎えたのだった。

どんなふうに外泊中の様子を話してくれるのだろうかと楽しみにしていたが、期待に反してまったくその話題が出てこない。それどころか妙にとげとげしい態度でおざっぱに絵を描き、その絵について話し続け、そのまま終了時間になってしまった。なぜ、何も話してくれないのだろう。話のきっかけを筆者の方から出すのを待っているのだろうか。それにしてはこちらから聞く隙を与えないような雰囲気だった。

聞こうかどうしようかと筆者はかなり迷ったが、どうしても現実との関わりがどうだったのかをアリサの口からひとこと聞きたい、という誘惑には勝てなかった。

「ねえ、外泊はどうだったの?」と筆者が口を開いたとたんだった。

「先生なんて大嫌い! もうここには来ないからね! ここに来たって意味がないじゃない! もう知らない!」とアリサは叫んで大粒の涙をボロボロこぼし、筆者をにらみつけた。しまった！と思ったがもう遅かった。アリサはその日描いた絵や、クレヨンを筆者に投げつけてドアを思いきり強く閉めて部屋から出ていった。

ああ、何というドジを踏んでしまったのだろう。アリサにとって家で楽しく過ごせたということはうれしいことではあったのだろうが、世界の拒絶という重い症状を抱えたままで日常と関わりを持つということは、それ以上に苦しい、大変なことでもあった。だいぶ無理をして楽しそうに振る舞っていたのかもしれない。筆者はそれがわかっていたはずなのに、家での様子が思いのほか良かったことに喜びすぎて、アリサの苦しみの気持ちからは遠く離れてしまっていた。

きっとアリサは面接に来るなり、外泊の成功のことでうきうきしている筆者の浮ついた空気を感じていたのだろう。だからあんなにとげとげしい態度をとり、「わかってくれてないの？　先生は外泊がうまくいって単純に喜んでるみたいだけど、すごく大変だったんだからね。先生はそれがわかってくれるはずの人じゃなかったの」というメッセージを送っていたに違いない。

両親からの感謝の言葉や、病棟スタッフの喜びの声に、「ずいぶんがんばったけどその甲斐があったな」などといい気になっていた落とし穴がこれだった。治療者は自分のしたことに手柄を感じたり喜びすぎたりしていると、クライエントの心を見失ってしまう。

「ここに来たって意味がない」というアリサの叫びは胸に刺さった。普通の人たちがするのと同じような反応しかしない治療者なら本当に「意味がない」。アリサはその「普通」ができなくて苦しんでいるのだから。

筆者は自分の治療者としてのいたらなさに頭を抱えてしまった。臨床心理士だなんて言ってたって、こんなことじゃ話にならないよな。こんな大事なときにこんなミスをしているようじゃ全然、だめだ。

アリサのパンチは正確にツボを押さえて打ちこまれ、筆者はそれをそのままストレートに受けてひっくり返りそうになってしまった。

しかし、リズムゲームの時に感じたような恐怖は不思議にこの時にはなかった。あの時の世界よりは現実に近いところでの問題だったのかもしれない。たとえて言うと、あのリズムゲームの時は、深い海の底に二人きりでもぐってそこで向かい合っていたが、今は、ずいぶんと水面に近いところまで二人で浮上してきていて、外気と触れる部分でがちゃがちゃやっているという印象だった。

## クライエントからの一撃

誰に何を言われてもまったく何も感じないというすごい人を除いて(そういう人が心理療法をしているとは思えないが)、たいていの場合、クライエントに強烈な一撃をお見舞いされると治療者はいつも以上にいろいろなことを考える。

しかしその考えが「何かまた変なことでわがままを言い出した」とか「社会性が育ってないからこんな態度をとるんだ」「治療に対する抵抗でこういうことを言い出したんだ」「衝動のコントロールがまだ悪いな」といったようにすべてクライエントの問題として還元したくなっている時は要注意だと思う。

確かにクライエントの問題としてとらえなければならないことがあるのも事実である。しかし、鋭い攻撃を受けた時にクライエントの問題にのみこだわってしまうのは、治療者自身がどこかで逃げているときが多い。

クライエントからの厳しいメッセージを、治療者自身のあり方の問題としてまったく受けとめようとせず、自分を守るために理論武装したりすると、クライエントは心を切り捨てられたように感じて深く傷つき、ますますどうしていいのかわからなくなってしまう。

それと同じようなことは、治療者とクライエントの間だけでなく、先生と生徒、親と子といった関係の中でも起こりやすいのではないだろうか。心理療法や教育という、「育てる」行為が含まれる職業にたずさわっている人は、そういう強烈な一撃をクライエントや生徒からけっこう頻繁にいただいているはずである。世の親たちも、子どもからいろいろな非難をぶつけられていることだろう。

いつでも自分の方だけが正しいと思いたい人は、正しい自分に対して、批判や非難をしかけてくる子どもがおかしいのだと信じて疑わないので、そういう子どもをねじ伏せてしまうか、無視してしまいがちである。

しかし、真剣にクライエントや生徒や子どもと関わっている人なら、その相手から学ぶことがどんなに大きいのかをよく知っている。「たくさん知識を持っている正しい人」と「間違ったことをしでかしやすい人」という固定した関係に陥っていると、子どもから教えてもらうという回路が開かない。

しかし、真剣に関わっていても、自分の本当に痛いところを突かれたときには、どこかではしっかりその通りだとわかっていながらも、どうしてもそれを受け入れられないことがある。まして自分よりも「間違いをしでかしやすい人」だと思っている相手からそれを言われると、人間、なかなか素直に受け入れられるものではない。

筆者も、クライエントに痛いところを集中的に突かれたり、関係を悪くするようなことばかりを繰り返されると、会い続けるのが苦痛になってしまうこともある。そんな時はつい、「クライエントの問題が大きいから仕方ないんだ。私のせいじゃないわ」などという思いがよぎることがある。

実際、治療者の存在のあり方や個性にぐさぐさと切り込んでくるようなクライエントは、その本人の抱えている課題が重く、複雑なことが多い。しかしそれをずいぶん割り引いても、よく胸に手を当てて考えてみると、クライエントから突きつけられている問題から自分が目をそらしたくなっている時にこの言い訳を使いやすいように思う。

治療者も普通の人間である以上、クライエントの批判や攻撃を正面から受けとめにくいこともままある。筆者も、いつだって私は正面からドンと受けとめていますとはとても言えない。しかし、自分がどの程度逃げているのかということははっきり自覚しておかないと、まったく治療的に働かなくなってしまい、クライエントがよけいに大変な思いをすることになる。そこはプロとして決してはずしてはならないところだと思っている。

そして、攻撃を正面から受けとめても、ちょっとはぐらつきながらも決して倒れてしまわないことが信頼に足る治療者として生きていくということなのだと考えている。治療者がパンチをくらったからといって本格的にノックアウトされてしまうと、クライエントは自分の破壊力にとてつもない恐怖を感じ、逆に立ち直れなくなってしまう。治療者は打たれ強くないとやってられない。

また、どんなにいろいろな知識を積んでいても、クライエントの個性との一瞬の勝負がかかる面接では、どうしても自分自身の個性が出てしまう。個性だけでめちゃくちゃにやったのでは治療にならないから、体系だった知識がその裏打ちとして必要なのだが、最後の最後に問題になるのは治療者個人としての個性なのかもしれない。

## クライエント同士の見えない影響力

アリサの、核心を突いた一撃のショックを抱え、ディープな気分を底のほうでひきずったまま、例の無気力のクライエントとの面接に入った。

ここのところずっと本屋でバイトをしてみようかと思っているという話が続いていたが、なかなか具体的な話にはならなかった。ところが、「いよいよ気持ちの準備ができたので、二日前から実際にバイトを始めた」という報告がこの日、あったのだ。両親もこの画期的な事態に大喜びしておられるようだった。

前にも触れたが、アリサの外泊といい、このクライエントのバイトといい、関わっているクライエント同士が見えない影響力を与えあって、現実との接点を持ちはじめる時期までが重なることがある。

筆者は、さっきのアリサの件があっただけに、うれしくはあったが喜び過ぎることはなかった。このクライエントにとっても、現実と関わることはとてつもないエネルギーを使うことに違いない。自然と「よかったね。でも現実はしんどいねえ」という言葉を口にしていた。

その言葉はどうもこのクライエントの今の気分にピッタリきたようで、「先生はうれしがるだけじゃなくてわかってくれてるから、ほっとする」と笑っていた。アリサの一撃のお陰で、この人にははずさずにすんだな、と筆者の方がほっとする思いだった。

現実的な部分で動けるようになったことを共に喜びながらも、その行動の裏側にある心の内側の世界の重さをしっかり感じつつ会ってこそ、クライエントを支えることになる。そこでどんな言葉をかけるといいのかなどということは本当はまったく問題ではない。どういう心の構えでそのクライエントと会っているかが一番、問題なのだ。そうしたら自然と一番ピッタリくる言葉が出てくるのだと思う。

筆者がアリサに聞いた「外泊はどうだったの？」という言葉は、言葉自体には何の問題もないと思う。しかし、その言葉が発せられる土台となる心の構えがぜんぜんよくなかった。そこにアリサは反応したのだ。大変さをよくわかった上で同じことを聞いたとしたら、まったく違った反応になっただろう。

実は別の不登校のクライエントと会っている時に、アリサに対しての時とはまったく逆のはずしかたをしてしまったことがある。

それは突然、そのクライエントが登校し始めたときだった。筆者はその時、クライエントが抱えている大きな内的な課題の方にばかり関心が向いていたために、登校したという報告にとても驚いてしまった。わけのわからない大きな課題に取り組むのに精一杯で、とても学校に行くだけの外に向けるエネルギーが残っているとは思っていなかったのだ。

そしてその驚きのあまり「大変だのにすごいね。大丈夫？　よくやってるね。すごいね。たいしたものだわ」などと大変さのほうにばかり焦点を当てて、たたみかけるように反応してしまったのだ。するとクライエントに「そんなに言われるほど大変なことなんだろうか。本当に自分は大丈夫なんだろうか」といった不安が巻き起こり、せっかく登校していたのに、面接の翌日からまた家にひきこもってしまった。

結局、筆者の見立てよりもそのクライエントは、現実へ向けるエネルギーをたくさん持っていたということだったのに、その点を読み違えた筆者が不安を先取りしてしまって、せっかく現実に向かいかけたクライエントの足を引っ張るようなことをしてしまったのだ。

筆者の方の読み違いがあったことなどを話し合っていく中で、クライエントの不安は徐々に解消していき、また現実に向かうようになっていった。そして登校しながら内的な問題にも取り組むという、難しいながらも一番、失うものが少ない道を歩むことになった。この場合は結果的にはけがの功名のようなところもあったのだが、それにしても不必要な不安を感じさせて申し訳なかったと思う。

## 治療者とクライエントの心理学

　ミスをしてしまった時に、まったく自分は悪いことをしていないと居直るのは問題外だが、罪悪感のあまりクライエントに謝りすぎるのも逆効果である。こんな頼りない治療者で大丈夫だろうかという新たな不安をクライエントに与えてしまう。さっと謝ってぱっと切り替える方がずっといい。

　また、こんなに悪いと思っているのだから許して欲しい、という治療者側の甘えがクライエントに負担をかけてしまうことがある。そうするとクライエントの方が気をつかって本当の気持ちを表出できなくなる。治療者の甘えのために、クライエントが「いいです。気にしないで下さい」と言わざるを得ない状況にしてしまっては治療にならない。

　すっと関係がもとにもどるときは、「雨降って地固まる」のことわざ通りの、何とも言えない感動がクライエントと治療者の両方に満ちてくる。表面的にことがおさまっても何かビターな後味が残るときは、クライエントに無理をさせているのではないかと気にかけておかなくてはならないと思う。

そんなふうに治療者に気をつかわざるを得ないクライエントの心境は、母親から「お母さんが悪いからあなたはこんなふうになったんでしょ。お母さんがみんな悪いのよね。全部お母さんのせいよね。お母さんのどこが悪いの。ちゃんと言ってちょうだい」と泣いてすがられた子どもが、「別にお母さんが悪いわけじゃないよ」と答えるしかないという苦しい状況と、とてもよく似ている。

親のほうが強い不安に襲われているときには、ことさらに自分の育て方を悪く言い、それを子どもが否定してくれることに頼りたくなることもあるようである。しかし、そういう親の態度は、かえって子どもの負担を増やし、追いつめるだけである。そういった場合、治療者が親を全面的にバックアップして不安を軽減し、自信を持ってもらうように働きかけていくことが、結果的に子どもの負担を軽くすることもある。

症状を抱えてしまった子どもの心の中は、普通に元気にしている子どもよりも、親のことで占められている割合が大きいのではないか、と感じることがある。親に対する「想い」が、「こだわり」や「高い要求水準」という形をとって攻撃的に出てきている子もいるが、親はこんなに子どもに大切に思われているのか、と驚かされることが多い。親を悲しませたくない、親に心配をかけたくない、という気持ちから自分でいろいろなことを溜め込んでいき、どんどん苦しくなってしまい、結果的にもっとも親が悲しんだり心配しなくてはならない状況に陥ってしまっている一群の子どもたちがいるのだ。

そんな子どもは「お母さんのせいで自分がこうなってしまったわけじゃない」という言葉を、自分だってぎりぎりのところなのに親を守ろうとして苦しくても言うことがある。そういうとき子どもは親のことを「自分を育て、守ってくれる人」というよりは、「自分の方が守ってあげなくてはならない人」としてとらえているようだ。このようにして親を守るために必死になっている子どもを見ていると胸が痛くなる。しかしその子たちが現実にしていることは、親を悲しませたり苦しめたりしていることに違いないのだから問題は簡単ではない。

いろいろなことが良くわかっていてその重みのために現実がうまくいかなくなっている子は、そうやって最初の頃は親にも(時には治療者にも)気をつかい、ますます重いものを背負い込むことがある。それが何かのきっかけで反転すると、信じられないくらいすべてのことを親や周囲の人のせいにすることもある。その様子は重い石に耐え切れなくなってつぶれてしまいそうになったとき、いよいよのSOSのサインとして、突然、自分の背中の石をまわりに投げまくることにしたようにも感じられる。

話がそれてしまったが、ともあれ、アリサへの共感が途絶えて彼女を傷つけてしまったことは、筆者にとって悔やんでも悔やみ切れない痛恨のミスだった。恐怖に縁取られた厳しい世界の唯一の同伴者としてここまで一緒にやってきたのに、なんだかすごい裏切り方をしてしまったような気がしていた。

でもよく即座に「あなたの心の持ち方が今までと全然違う！　そんなのはおかしい！」といった喝《かつ》をバシッと決めてくれたものだ、とアリサの鋭い感性に改めて感心する。おかげで筆者は治療者として鍛えてもらって、少しはましになれるかもしれない。筆者に言いたいことが言えないままでいるクライエントの分までアリサは伝えてくれようとしているのに違いないと思った。

それにしても来週、アリサはちゃんと外来に来てくれるだろうか。もうダメ治療者として見限られてしまったかもしれない。いやいや、あれで切れてしまうような簡単な関係ではないはずだと、いろいろな思いと不安を抱えて一週間を過ごしたのだった。

翌週、アリサは五分、遅刻してやってきた。いつも早めに来て待合室で待っていたのに遅刻は初めてのことだった。この五分がアリサの抗議だったのだろう。この五分間、筆者は、来ない、来ない、どうしようと狼狽し、とても五分間とは思えないほど時間を長く感じていた。そのため、アリサがふてくされた顔をして外来に顔を見せた時には、ものすごくほっとした。

「先週はごめんね。外泊、大変だったのにね」と筆者が最初の挨拶として言ったとたん、「さあ、絵を描こうっと。先生も一緒に描こうよ」とぱあっと顔が明るくなった。こちらの心の構えがずれていないと、こんなにもさっと通じるのだ。こういう許しを一瞬にして与えてくれるクライエントとの時間は何ものにも代えがたい。治療者の方が癒される思いがする。心理療法がどんなに相互的な影響を与えあうものなのかを痛感する瞬間である。

それからしばらくたったある日の面接にアリサはノートを持参してきて、この間から物語を書いているんだと言って見せてくれた。

「山の中にきつい目をしたきつねが一匹で住んでいました。ある日、里におりてきていたきつねはケガをして動けなくなってしまいました。

きつねはみんなから恐れられていてだれもそばに行こうとしません。でも、みんなにこわがられているのをかわいそうに思った二人の女の子が、近づいていきました。

そして、きつねといっしょに洞くつへ入っていき、薬草を使って手当をしてあげることにしました。つづく。」

その文章の横には足にケガをしているきつねと、そのきつねの両脇にいる二人の女の子の絵が添えられていた。

傷ついているきつねはアリサそのものであり、そしてその手当をしようとしている女の子もまたアリサなのだろう。きっとアリサの中の治癒力がその女の子として表わされているのだ。筆者はもう一人の女の子としてその作業に付き添っているのかもしれない。

きつねは傷ついているのに、なぜかみんなに恐れられ、だれもそばに寄って行こうとしなかった。拒食という症状に取り付かれてからというもの、自分の方から周囲を拒絶しているとしか見えなかったアリサの言動の裏の、深い孤独が思われた。実はただ傷ついていただけなのに、「きつい目」をしていたために、だれもが恐れて近づけなかったのかもしれない。

　そして手当は「里」にある「洞くつ」の中で行なわれている。それは癒しの作業が「里」という、人が普通に暮らす場所のなかにありながら、外からはうかがい知ることのできない深いところで行なわれているということなのだろう。アキラのトンネル掘りのイメージとも重なる。やはり癒しの作業は表からは簡単に見えないところで行なわれるようだ。

　クライエントが心理療法の経過中に、心の中から自然にわいてきた内容を表現したくなる、というのはよくあることである。というより、そういった自分が癒されるための物語をクライエントが自由につくり出せる場を提供することが心理療法の目的だといってもいいだろう。

　その物語は、自分の生きてきた世界について自分がどう感じ、どう納得しようとしているのかということとして言葉で表現されることもある。また、箱庭や夢や絵という手段を用いて表わされたり、今回アリサがしたように実際に物語の形にして表わされることもある。だから筆者は、クライエントの語る言葉も夢も箱庭も絵も、創作された物語もまったく同じような意味合いのものとして扱っている。

このきつねの話は続きものになっていた。「来週また続きを書いてくるね。もう考えてあるんだ。来週は完結編だよ」とアリサは楽しげに言っていた。その楽しそうな雰囲気から、筆者は何となく、ケガの治ったきつねと女の子たちが仲良くなるようなハッピーエンドを予想していた。ところが、そんなありきたりのハッピーエンドではなかったのだ。

翌週、アリサが書いてきた物語の続きを読んで、筆者は少なからずショックを受けた。

「傷が治るように二人の女の子は何度も薬草をかえてやりました。でも薬草をかえるとき傷口が痛いので、何度かきつねは女の子にかみつきました。でも女の子たちはきつねをきらいになりませんでした。

やがてきつねのケガはよくなっていきました。女の子たちはきつねといっしょに山へ行き、そこで放してやりました。

そしてもう二度と絶対、人里に下りてこないようにねと言って別れていきました。おわり。」

傷口の痛みのためにきつねが女の子にかみついてしまうというところは、治療場面や病棟で示される険しい態度が連想された。癒すためにすること(物語の中では薬草を取り替えるということ)であっても、かえって痛みが強くなる時があるのだ。そのどうしようもない痛みが、時として治療をしてくれる人にかみついたりする行動として出てしまう。そうだよな、その通りだよな、とアリサの心を映しているこの話に筆者は深く納得した。

そして、そんなふうにかみつかれても「女の子たちはきつねをきらいになりませんでした」というところでは、症状の力に振り回されて攻撃的になってしまうこともある自分自身を「きらいにならずに」受け入れようとする心の動きがアリサの中に芽生えているのではないかと思った。

ところが、そういう経過を経て傷の癒えたきつねは山へ帰っていき、女の子たちはきつねに「二度と絶対」人里へ下りて来るなと言って、別れてしまうのだ。

「ねえねえ、このきつねと女の子たちはもう会わないの？　女の子の方が山に行ったら会えるとか、そんなのはないわけ？」と筆者がきくと、そんなこと当然じゃないかというような顔で、「そっ。山へ行っても会えないの。それに山は危険だから女の子たちは行っちゃいけないんだよ。本当は」と答えたのだ。

癒しの作業を行なうことと、日常的な関わりを持つことが、これほど違うことなのだということをアリサははっきりとわかっている。治療者である筆者の方が甘い幻想を抱いていたことを思い知らされ、ショックだった。まったく、なんと重要なことを子どもは教えてくれるのだろう。

蛇足になるが、念のため付け加えておくと、ここで述べている筆者が感じている感想などは、こちらの心の中で勝手に思っていることであって、口に出してクライエントに伝えることはない。そんなことをいちいち言ったりしていたら、ずいぶんと理屈っぽい治療になってしまって、せっかくの感情の動きが興ざめになってしまう。子どもと一緒に過ごすとき、感情を説明する理路整然とした言葉は、(時に必要なこともあるのだろうが)すごくじゃまになることがある。それに、自分がどんなにちゃんと理解しているのかということを、クライエントにやたら説明したくなるのは、その説明の克明さとは逆に、関係を見失いかけているときに多いように思われる。

アリサは相変わらず何も食べることはできなかったが、体重の方は、継続的な鼻注のおかげで、標準体重まではいかないまでも正常域に達していた。(実は面接開始二カ月めには、もう体重面ではほぼ問題がなくなっていたのだ。)

そしてこの頃からは、今まで全部吐き出していた唾液を、飲み込むことができるようになってきていた。面接場面ではほとんど吐き出すことはなくなっていたが、病棟の看護婦さんからの情報でも、唾液をとるためのティッシュの消費量が一日一箱だったのが、一箱で一週間は持つようになってきたということだった。

唾液という自分自身の中で生み出したものまで拒否していたアリサが、その部分を「きらいにならずに」少しずつ受け入れるようになってきているのだ。このように症状の変化は微妙なペースで起こってくることが多い。（急激な変化は――たとえそれがいい方向での変化であったとしても――どこかにとても無理がきていることもあり、また急に反転する危険も大きい。）

## 食べられる者の横暴

ここで少し、拒食の症状とからめて、食べ物の好き嫌いが激しく、ごく限られたものしか食べない子のことについて考えてみたい。

食べることは「生きる」とか「育つ」ということと直結しているので、どうしても「母性」の問題との関わりが深くなる。だから、自分の子どもが何をどれだけ食べていようがまったく関心がない、という信じられないような無責任な人を除いて、たいていの母親にとっては、子どもがちゃんと食べているのかどうかということは、重大な関心事になる。

そのため、食が細い、食欲にムラがある、食べ過ぎる、好き嫌いが激しい、お菓子ばかり食べる、など食べ物をめぐるお母さんの悩みはつきない。母親に限らず、子どもがちゃんと食べているかどうかをいつも気にかけて、世話をしてやっている人が、その子に対して一番基本的な「母性」を発揮している人だと言えるだろう。

食べ物の好き嫌いと言っても、にんじんやピーマンなどのアクの強い野菜がだめといった、子どもとしては当然だろうと思えるような、ごく単純なものから、特定の何種類の食べ物しか食べられない、というなかなか大変なものまでいろいろである。また、親が食べやすいように調理を工夫するだけで食べられるようになる子もあれば、かつおでだしがとってあると、匂いをかいだだけで味噌汁が飲めなくなるほど魚を受け付けない子もいるのだ。魚アレルギーで、食べるとすぐに湿疹でも出ればまだ周囲も納得するだろうが、心の中に出てくるアレルギー反応は誰にも見えない。そのためそういう子は、ただの意固地で神経質なわがまま野郎だと思われやすい。

タロウは、離乳食の頃から白い炊き立てのご飯とゆで卵しか口にせず、他のおかずは一切食べないという、米の消費量増加のコマーシャルタレントにでも推薦したくなるような偏食の傾向を持っている男の子だった。そのお母さんから、偏食との戦いの苦労の歴史を聞いたことがある。

お母さんは、ちりめんじゃこをみじん切りにしてご飯に混ぜてみたり、炊き込みご飯やチャーハンの中に野菜や肉を細かく刻んで混ぜたり、それはそれは努力されていた。しかし、結局、タロウは白いご飯とゆで卵以外は絶対に口にしないのだ。毎日の工夫にも疲れるし、子どもとの「食べろ」「食べない」の応酬にも、もう、ぐったりだった。

でもそれよりも苦しかったのは、「偏食があるのは、子どものわがままを許している親の責任だ」と身内を含むあちこちから責められることだったのだと言われる。親切心からいろいろなアドバイスをしてくる人の言葉も、すべて試みてだめだったことなのに、とむなしくなったり、親としての不甲斐なさを突かれているような気がして胸を痛める刺激になっていたらしい。

先に、アリサの両親の苦悩にも触れたが、どんなにこちらがよかれと思うことを試みても、ぜんぜん食べてくれない子を持つ親の心はとても辛い。食べ物の拒否は、子どもが生きていくことを拒んでいるように感じられるからである。

そんなふうに子どもの偏食に頭を悩ませている親の中には、幼稚園や学校からのお知らせ帳などに、「給食の野菜を残していました」などと、ただ事実関係が書いてあるだけでも、ショックをうけてしまう人もいる。そして、「食べられるようになるために、家でも練習させてあげてください」などという、書く側がたいして深く考えずに慣用句のようにして添えたアドバイスが、より一層、落ち込ませる材料になることもある。まして先生の方に、好き嫌いがあるのは問題だ、何とか矯正しなくては、という価値観が強いと、よけいに親を責めているようなニュアンスが伝わってしまうのでショックが大きくなる。

タロウも給食のおかずがまったく食べられなかったが、一年生の時には、この子の今の状態をそのまま受け入れてくれる先生に恵まれた。

その先生は他の日常生活のけじめをつけることにはとても厳しかった。しかし、給食が食べられないことに限っては、この子にとって今はどうしようもないことなのだろうと考えて、問題にされることが一度もなかったのだ。先生がそういう心の構えで関わっておられるから、周りの子もタロウが給食の米飯にしか口をつけなくても特に文句を言うことはなかった。いけないことをするとタロウにもすごい勢いで怒る先生が、給食を食べないことについては何も言わないのだ。ということは、タロウが食べないことは別に責めるようなことではないのだろう、といった察し方を子どもたちはしているものである。

そうして一年生が終わる頃には口にできるおかずも少しずつ増えてきたので、親も子もほっと息をつく思いだった。

ところが二年生になってからの担任の先生は、給食を全員が残さずに食べるということを、学校教育での大事なポイントだと位置づけている人だった。そうすると、とたんに、給食が一部しか食べられないタロウにとっては、給食時間は地獄になった。そしてやっと食べられるようになっていたものまでまた口にしなくなり、お昼が近づくと教室を飛び出したり、先生の言うことを何一つきかなくなるなど、逸脱行動が目立つようになったのだった。そんなことが続いたため、タロウは一挙に問題児として扱われるようになってしまった。

担任の先生が変わり教育方針が違ってしまうと、偏食があるということが、ここまで学校生活に影を落とすことになってしまうのかと、タロウの両親は打ちのめされてしまったのだった。

### 無責任な偏食批判

世の中には、偏食の子どもを見ると、「子どもの好きなものしか食べさせないような、子どもに甘い親が悪い」と詳しい事情を知りもせずに、無責任に親の行動の一面だけを取り上げて批判してしまう人も多い。

確かに中には、子どもとの真剣なやりとりから逃げていて、どうでもいいという投げやりな態度で子どもの言うなりになっている、御批判ごもっとも、と言いたくなる親もいる。

しかし、離乳食の頃から、少しでも自分の食べられないものが口に入ると、ブーッとすごい勢いで吹き飛ばしてしまうような厳しい反応をする子との対応に真剣に取り組んでいる親にまで、その批判が向けられることがあるのでたまらない。そして、そんな批判を受けて気分がブルーになった時に、たわいない話をして不安を解消することができる人ばかりではない。

夫が不安の解消役になってくれるような夫婦関係があったり、じっくり話をきいてくれるような知り合いがいたりすると、ずいぶん、お母さんも楽になれるだろうにと思う。しかし、批評や批判をする人は世の中にいくらでもいるが、力になるような話相手になってくれる人はなかなかいないようだ。自分自身の母親との関係でも、弱音が吐ける間柄かそうではないかといったことでもずいぶん、気持ちが違ってくるだろう。周囲からの支えがないと苦しみは何倍にもなってしまう。

不安を適当に解消することもできず、どんどん気持ちに余裕がなくなってくると、きっかけはたかが子どもの偏食であっても、自分たち親子は普通の世界から落ちこぼれてしまっているのではないか、というところまで追いつめられてしまうこともあるのだ。

そうすると、やり場のない気持ちが、「あんたのせいで私までがこんな目にあうのよ」といった攻撃的な形をとって子どもに対して噴き出してしまい、食卓が偏食を治すためのすさまじいまでの戦いの場に発展し、親子関係がこじれにこじれてしまうこともある。

そのこじれてしまった結果だけを見て、こんなに良くない母親だから偏食も治らないんだと判断してしまう人も、これまた世間には多いが、そんな判断をしていても親も子も救われない。そこまで追いつめられた母親の苦しみや悲しみに心を向けていくことの方がずっと建設的な働きかけになる。

## 拒食とアトピーが語りかけるもの

「食べ物」を拒絶するということは、「この世」で生きていくための「身体」を拒絶するということと同義である。先にも述べたが、筆者は、自分自身の身体をも含めた「この世」に存在しているものすべてを受け入れられなくなっている状態が、拒食という厳しい症状なのだと考えている。そしてそれは発症の年齢が低ければ低いほど、自分の意志の入り込む隙もない、圧倒的な力に動かされてそういう状況に陥ってしまうのだと思う。

拒食や過食嘔吐は疾病としてとらえなくてはならない摂食障害であるので、簡単に子どもの偏食との比較はできないが、同じ文脈で考えてみることもできるだろう。

拒食が「この世」のすべてを拒絶している状態だとすると、子どもの偏食は、ごく限られたチャンネル——限られた食べ物——を通してしか、「この世」のものを受け入れられなくなっている状態なのだと言えるだろう。

また筆者は、「この世」に対してアレルギーを起こしている子どもの症状のひとつに、アトピーがあるのではないかと考えている。

その子にとって受け入れられないものがあるために――それがハウスダストや、特定の食品といったアレルゲンとして特定されることもあるが、理由ははっきりわからなくても、とにかく「この世」にある何かに対して――、体がアレルギー反応を起こしてしまっているのではないだろうか。

アトピーの子は、偏食の子とは逆に、アレルゲンになる食べ物を強制的に制限されていることもあるが、結果的に、ごく限られたチャンネルでしか「この世」のものと関われない苦労は同じだろう。

きつい偏食のある子は、「この世」の中に自分には簡単には受け入れられない種類のものがある、ということを特定のものを食べられないということで表現しているのだ。それもアレルギー反応ではあるが、その反応が、湿疹などの形をとって体にでるのではなく、意固地だの頑固だのわがままだのという出方をするので、周囲の共感を呼びにくい。アトピーの上に偏食も強い、という子も多い。体が反応しなくても、心が反応して受け入れられないものだってあるのだ。

では、食べ過ぎて健康を損なうほどの肥満になっている子のことはどう考えればよいだろうか。今まで述べてきたような、食べ物を「この世」から取り入れるものの代表として考える視点から見ると、これも同じことの裏表なのではないかと思う。「この世」のものと適当な程度での関わりができにくくて、食べ物を何でも無制限に取り入れてしまうために極端な肥満を招いているのではないだろうか。

（先にも述べたが、拒食のクライエントが、経過の途中で過食に反転することは臨床現場で頻繁に見られることである。今まで述べてきた視点で考えると、「この世」とつながるチャンネルが閉ざされていた時には拒食になっていたのに、何かのきっかけでどのチャンネルも一斉に全開になると、あらゆるものを際限なく受け入れるという過食に転じてしまう。そうやってめちゃくちゃに取り入れてみても、「この世」を拒む傾向が改善しているわけではないので、結局、すべて吐き出してしまうしかない。）

時に偏食のある子に対して、給食を全部食べ終わるまで学校に残す、というような強い働きかけによって、学校給食だけは全部食べるようになることがある。それを、

「厳しく教育すればちゃんと食べるのに、家では甘やかされているから食べないんだ」と決めつけてはいけないと思う。無理に食べることで、どれだけの負担を子どもが背負っているのかということを見過ごしていると、後になってまったく別の形で反動が出る危険がある。

「みんなと同じように食べられる」ということと引き換えに、その子にとっての大事な何か(それはもしかしたらのちに、すばらしい「個性」として輝くものなのかもしれない)を失わせるのは悲しい。

無理やり飲み込むようにして食べられるようになったとしても、それは本当の意味で食べられるようになったということではない。食事を味わって楽しむこととか、食卓での暖かな感情の交流などという、何物にも代えがたい大切なことを失ってしまっては何にもならない。

子どもの頃に、ごく限られたものしか口にできなかった人でも、大人になっていくにつれて徐々に食べられるものが増えていくことが多い。その人個人にとっての大事な体験を重ねていくことを通して、世界とつながるチャンネルが増え、それと並行して食べられるものの範囲も広がりを持っていくのだと思う。

## チャンネルがつながる

タロウのその後を紹介しよう。給食時間が地獄と化した彼の学校生活は辛いものだったが、両親はその大変さをとてもわかっておられた。ここで両親までが、偏食がある上に何という問題児になってしまったんだろう、というような見方をしていたら、よけいに解決から遠のいてしまっただろう。

タロウは三年生の夏休みに、以前からどうしても欲しかった犬を飼いはじめた。そして散歩の途中で、同じように犬を連れて散歩していたかなり年配のおじいさんと知り合いになったのだ。

散歩で出会うたびに、犬の世話の仕方を聞いていたのだが、ある日、そのおじいさんが、「年をとってお迎えの時期が近づいてきたのか、以前ほどいろいろなものが食べられなくなってきた。今は白いご飯ぐらいしかおいしいと思えない」といった話をされたのだ。それを聞いて、「ぼくも白いご飯しか食べないんです」とタロウが言ったところ、「ご飯はうまいからなあ」とおじいさんは笑ったのだった。その言葉はタロウに大きな衝撃を与えた。今までタロウにとって、ご飯しか食べられないということは、負い目のあることでしかなく、ご飯がおいしいからご飯だけ食べているという発想などなかったからだ。しかしそのおじいさんと話しているうちに、自分はご飯が好きなんだ、ということを実感するようになったのだった。

新学期になり、夏休みとは散歩の時間帯が変わってしまったので、そのおじいさんと会うことはもうなくなったが、不思議なことにタロウは徐々にいろいろなものが食べられるようになっていった。

これは、「この世」とのチャンネルが少しずつ狭まって「あの世」に近くなっている老人と、「この世」でのチャンネルが少なくて苦労していた子どもとが、共通のチャンネル――白いご飯――を持っていることを伝えあった大事な出会いだったと言えるだろう。タロウにとって、自分の特別なチャンネルを通して、他人とつながることができたという体験はとても貴重なものだった。

ひとつのチャンネルをとことん大事にできると、そこから世界は広がりを見せていく。一年生の時の担任の先生の働きかけは、食べ物に関してのタロウのチャンネルを大事に扱う態度だったと言えるだろう。だからこそタロウはその頃、少しずつでも食べられるものが増えていっていたのだ。

そして今回のおじいさんとの偶然の関わりをきっかけに、タロウはご飯をおいしいと思えるようになった。それは自分の持っているチャンネルを、自分でも大事にすることができるようになるということだ。そうすると自然と世界が広がっていく。

念のために言っておくが、それはほっといても偶然の出来事さえあればそのうちどうにかなるのだから、と子どものことに無関心になってほったらかしにすることを勧めているのではない。食べ物を無理やり食べさせる、ということだけにこだわるような関わりはやめて、子どもの心全体が自然に育っていけるような環境をつくることに心をくだくことが、意味のある偶然の出来事を活かしていく大切な地盤づくりになるということである。

ここでひとつ、親がはまってしまいやすい、むなしいパターンを紹介しておこう。それはたとえば、「お前の言う通り犬を飼ってやるから、ちゃんといろいろなものを食べるようにしろ」というように、表面に出ている問題を単純に解決しようとして交換条件を提示する、というものである。そうすると子どもは自分の希望をかなえてもらいたい一心で、「ちゃんと食べるから」と言うものである。しかしなかなかその通りに食べられることは少ないので、約束を守らない子だ、と怒るはめになる。犬の世話をちゃんとしないことを怒るのなら意味もあるが、無理な交換条件の結果を怒ってみても仕方がない。

不登校など、子どもの他の問題も同じように考えられる部分もあるのではないかと思う。「偏食」を「不登校」に「食べる」を「学校に行く」と置き換えてもいいのではないだろうか。保健室というチャンネルでしか、学校と関われない状態など、いろいろ考えることができる。

繰り返しになるが、偏食にしても不登校にしても、表に出ている問題だけに焦点を当てて、そこだけ何とか修正しようとがんばっても、どうにもなるものではない。限られたチャンネルを活かして心が自然に育っていくような環境をつくっていくしかない。

アリサの治療経過からも察していただけるかもしれないが、そのような環境をつくっていくことは大変なことであるが、感動を伴う何ものにも代えがたい体験でもある。アリサのように厳しい症状に襲われている子でも、家族やスタッフと力をあわせて環境をつくっていけば、少しずつ、心の中の物語が表現できたり、世界が広がっていくプロセスと連動して、症状に変化が見られるようになってくるのである。

## 学校が気になる

アリサは週末ごとの外泊を嫌がらず、コンスタントに繰り返していった。

家では、姉や弟が宿題をするのを見て勉強のことが気になりはじめたようで、こんなに長く休んでて勉強についていけるだろうかといった現実的な不安を母親に打ち明けることもあったそうだ。その間、アリサが学校に行けるような状態でなくなってから、もう二年が過ぎていた。その間、学校のことが気になっているような発言があったことは一度もなかったという。

面接の中でも学校については、箱庭で「不思議な学校」というファンタジックな形で表現されることはあっても、具体的に語られることはまったくなかった。

普通、子どものクライエントと会っていると、たとえ学校のことが避けたい話題であったとしても、一年も会っていれば学校と友達の話題は一度は出てくる。それほど子どもにとって学校や友達の話題は、触れられることの多い、「普通」の話なのだ。ところがアリサはそういう話をすることが一度もなかった。いかにアリサの生きている世界が「普通」と隔たった所にあったかがうかがわれる。

唾液を飲み込むという、「普通」ならまったく意識せずに行なっていることにすら大きな障害を感じていたアリサが、少しずつ「普通」に唾液を飲み込めるようになっていくことと、「学校」という、子どもにとっての「普通」の話をすることができるようになるということとは、どこかで深く影響しあっていると思う。

また、抱えている課題の重い、症状の厳しいクライエントと会っていると、現実的な日常のささいな出来事や、身体の変調のことばかりを(時にはメモを読みながら)報告する時期が続くことがある。学校の話題でも、何があったのかを時間割りに即して克明に述べるだけで時間が終わってしまうことがあるのだ。しかし、これも日常の「普通」の話題を「普通」に話すことができなくなっている状態に変わりはない。そんな時のクライエントは、自分の内面の混乱をどう表現していいのかわからないので、現実の細かな出来事の中に、少しでも自分の気持ちを映し出そうとしているかのようである。

それと、「他人に話してどうなるものでもないと思う」「何も話すことなどない」「今、問題に触れたくない」ということを言うかわりに、ただひたすら表面的な出来事の羅列を述べるクライエントがいることも頭に入れておかねばならない。

たとえば過食嘔吐のクライエントと、母親との関係について話している時、急に、何をどれだけ食べて吐いたか、という克明な描写が始まることがある。そんな時は、問題の核心に近づくのが苦しいので、症状の話に避難しているのかもしれない、という視点も必要になってくる。

### 明るい話の裏の闇

また、子どもがいくらいろいろなことを話しているからといって、簡単に安心していてもいけないこともある。

大人の言うことをわざと「シカト」して聞こえないふりをしたり、「うるせえなあ、だまってろ」とすごんだりするようなわかりやすい形で「今、自分はいろいろ心の中がごちゃごちゃしていて大変なんだよ」ということをストレートに表現してくれる親切な子ばかりではないのだ。中には、楽しげな話や、簡単な悩みを話してみたりすることで(これはその子にとってはどうでもいいような表面的な話なのである)大人を一応、安心させておいてから、自分の殻にこもっている子も結構いる。そういう子どもの中には、実のところ生きるか死ぬかといったレベルの深刻な問題を抱えている子もいる。しかし、それが客観的に納得できるような具体的な問題のかたちをとっていないこともあるし、自分でも何が問題なのかよくわからないので、人に話すことを最初からあきらめている子も少なくない。

そうやって上手に殻にこもっているうちに何とか乗り切っていく子もいるが、重い課題を運命的に背負ってしまっている子の中には、どんなに努力していても、何かのきっかけで急激に症状を持ったり、不適応といったかたちで表面化せざるを得なくなってしまう子もいる。そして、「あんなに明るくて何でも話してくれるいい子だったのになぜ」と表面的な適応をその子の全てだと思っていた大人をびっくりさせるような状況になってしまうのだ。症状を出したり、現実適応が徹底的にくずれるほんの直前まで、ぎりぎりのところでその子が耐えていたなど、周りは気がつかないことが多い。前にも述べた「いい子」の変貌もこれと同じ文脈で考えられる。

素行のよくない子をその表面的な問題だけで悪い子だと決めつけてはいけないのと同じように、過剰適応といってもいいほど、大人から見て問題の見えない子どもの中に、深刻な問題を抱えている子がいることも忘れてはならないと思う。

表面的ではない見方で自分を見守ってくれている大人がいるだけでも、ずいぶんその子は救われる。しかし、そんなふうにがんばって適応している子の中には、「この子は実は無理をしてやってるんだな」ということがわかる大人に対してだけ、妙に反抗的になる子もいる。ぼろを出さないように鉄壁の防衛で現実適応しているのに、そのほころびを見つけられたような気がして、ものすごく警戒してしまうのだ。そういった子の抱えている課題の重さがわかったからといって、下手にそれを普通の日常的な会話のレベルで触れてしまうと、深く傷つけてしまう危険もあるので注意が必要である。わかりながらも、ごく普通に接しているのが一番安全であるし、支える力になる。

自分が実は大変だということもわかってほしい。でもわかられすぎるのもこわい。自分の弱さをわかってほしい。でも弱さを知られた相手には憎しみもわいてくる。こういった複雑な心境が思春期の子どもの心の中には渦巻いていることを頭の片隅にいつも置いておく必要がある。

### 異界からこの世へ

話をアリサにもどそう。

アリサは治療が始まってからというもの、「食べられない」という症状の話題をすることも、日常の細かな出来事にこだわることもなく、「この世」を離れて、深い内面の世界——異界——にぐっと治療者を引き込んでいった。筆者としてはそういった異界に入り込む面接のほうが性に合っているので、よけいに相互作用を起こしていたのかもしれないが、こういった経過をとることができるのは、今までも何度か言ってきたが、アリサの持っている力に負うところが大きい。

しかし、いつまでもその異界にだけ比重を置いているわけにはいかない。外泊を始めたときから、少しずつ「この世」の現実との関わりは始まっていたが、いよいよ次の段階へさしかかって来ているのだ。

年が明けてからの面接では、小学校の卒業式にどうやって出席するかという現実的な話題を頻繁に出してくるようになってきた。これはかなりの変化がアリサの心の中で起こってきているということである。

そして、「卒業式に出たいけど、鼻注の管をさしたままで行くのは嫌だ」「卒業式だけ来るなんて生意気だってみんなに思われそうで嫌だ」などと不安を訴えて、さめざめと泣くことが多かった。また、「教室が二階にあるから足がだるくて上がれないかもしれない」「みんなが何を着ていくのかわからないから行けない」「靴下をどんなのにしていったらいいかわからないから出れない」といった、どうでもいいじゃないかと言いたくなるような細かなところにこだわる話題も増えてきた。

そして、「先生、一緒に卒業式に出てよ。鼻注の管を抜いて下さいって主治医の先生に頼んでよ」とすがるように言ってくることもあり、筆者が「うーん。それはできないなあ」と言うと、「先生はちっとも役に立たない。何にもしてくれないじゃない」と怒っていた。しかしこの時、どんなにアリサが怒ったりすねたりしても、筆者は現実的に役に立つ動きをする気はまったくなかった。

筆者もクライエントによっては、こういった時に少しでも楽に適応できるように何らかの現実的な手助けをすることがある。学校の行事の練習スケジュールを参考に、どうすると一番、無理のない形でもどっていけるかを考えたり、その時どんなふうに迎えてもらうとよいだろうかといったことを担任の先生と話し合ったりする。また、勉強の遅れが気になると訴える子には家庭教師など学校との間をつなぐ手段を具体的に提案することもある。

また少し話がそれるが、勉強の遅れのために学校にもどれないと繰り返し訴えるのに具体的な提案にまったくのってこない子は、「勉強の遅れを訴える」という方法を使って「自分は他の人とペースが合わなくてなじみにくいのだ」といった内的な不安を訴えているのかもしれないと考えた方がいい。そんなとき、こちらがよかれと思って具体的に勉強の遅れを取りもどす手段をつぎつぎと提案すると、かえって追いつめてしまうことがある。

その上、大人の側に「結局、こっちが何を勧めてやっても、なんだかんだと言いのがれをして逃げることしか考えていない子だ」と子どもを責めたくなる気持ちがわいてくることがあるので要注意である。そういうふうに決めつけてしまった心で対応していると、せっかく子どもの中に芽生えはじめていた現実に向かおうとする気持ちまでしぼんでしまう。そういう時は、否定的な方向に決めつけずに、その子の不安に根気よくつきあっていくことが現実へ向かって行くための大切な支えになる。

## 異界に住む者がもつ魅力

アリサに対しては、今までの経過の中での経験上、ここでアリサの希望通りに治療者が動いてしまっては本当の意味での手助けにはならないという確信があった。アリサも、これまでの筆者の態度から、筆者がそういった現実的なところで動いてくれる相手ではないということはよくわかっている。その上、アリサ自身も、筆者に対して本当に現実的なサポートを望んでいるわけではない。しかし、わかっちゃいるけど言わずにはいられないのだ。そういったアリサの苦しさが痛いほど伝わってきていたので、好きなだけ何でも言えばいいよ、といった気持ちでアリサの揺れる気持ちにつきあおうと思っていた。

学校という現実との接点を持とうとする準備の過程には、筆者を相手に、ああでもない、こうでもないと、迷いや怯えなどのさまざまな不安をぶつけなくてはならないのだろう。外泊を始めた時は、自分で決めてから筆者に報告してきたが、その時とはもうひとつレベルの違うところを乗り越えようとしているのだから仕方がない。

こういう時は、一見、駄々をこねたり、ぐずぐず言っているだけとしか見えないような作業を繰り返すことになる。しかも、今まで関わりが希薄だった世界のことだけに、「適当な」程度の話題として出すことができずに、妙な所でこだわり過ぎる、というもう一方の極に走ることになる。

筆者はそういったアリサの不安をわかってはいたが、このプロセスにつきあうのは結構、骨が折れた。靴下の柄は何がいいかとか、鉛筆の本数をいくつにしようかといった話題が毎回、延々と繰り返されると、どうしても「どうしてそう、どうでもいいことばかりにこだわるんだよ」という気持ちがわいてくるのである。結局、この時期、筆者は、アリサのありとあらゆる現実のささいなことに対する心配に「そんなことは気にしなくても大丈夫だよ」と繰り返すしかなかった。しかし、アリサはさすがに敏感で、筆者が「いい加減にしてほしいよな」といったげんなりした気持ちに襲われつつ、その言葉を言った時には、「先生、なんかいい加減に答えてる！」などと鋭い声ですぐさま喝がとんできた。

筆者としては細かなことにこだわってぐだぐだ言うアリサより、そうやってぴしっと喝をとばしてくるアリサの方がずっと魅力的に思えて仕方がなかった。しかしそれは、現実にもどって「この世」で普通に生きていこうとするアリサよりも、症状を抱えて、異界に住んでいるアリサの方に魅力を感じていると言い換えることもできる。治療者の方がそんな気持ちでいては、せっかく現実に向かおうとする気持ちが芽生えてきているアリサの足を引っ張ることになる。

筆者がアリサと一緒にいる時に感じている今までと違う苦しさは、アリサが現実にもどっていくために感じている苦しさときっと同じ種類のものなのだろう。だとしたら、このイジイジくるような辛い作業にとことん付き合うことに大きな意味があるはずである。そんなふうに考えることによって、二カ月にわたるこの時期を何とかしのいでいったのだった。

## ぐずぐずする子どもの気持ち

どうも子どもが何かを新たに始める時などに、やたらぐずぐず言ったりするのは、そういった形で不安を親に伝えていることもあるようである。

「お母さんがやってよ」とか、「手伝ってくれないとできない」などと訴えて、親が関わってくれることで何とか不安を乗り切ることができるのではないかと、やたら依存してくることもある。そして「自分でしなさい。自分のことでしょ」と言おうものなら、「お母さんなんて嫌いだー」と怒り出したり、「やだーやだーやだー」とぐずったりする。そんな子どもとつきあっているとたいていの場合、親はイライラしてきて、つい、声をあらげることになる。その結果、親の金切り声と子どもの泣き声が響き渡るという、ぐったりくるような結末になることも多いだろう。

「自分で決めて、自分でしなくてはならないことなのだということは良くわかっている。でもうまくできないかもしれないし、どうなるのかはっきりわからなくて何となくこわい気持ちもする。しなくてすむのならしたくないけど、そういうわけにはいかないのも良くわかっている。ああもういやだ。どうしよう。お父さんやお母さんが代わりにしてくれたらいいのに。」

だいたい、ぐずぐず言っている子どもの気持ちはこういったものだろう。こういった葛藤を心の中で行なってしまって、さっと行動を始めるたいした子もいるが、たいていの場合、心の中で自問自答するべき会話を、家族相手にすることで子どもは心の準備を整えていく。考えてみると、まずは一番安心できる人を相手に心の準備をしようとするのは、子どもとしてかなり健康的なことなのではないだろうか。

ただ、「心の準備をしたいので相手をしてください」と言って理路整然と葛藤の内容を述べるようなことは間違っても子どもはしない。何か子どもにとっての大きな出来事がある前に、ぐずぐず訳のわからないことを言い出してからんでくる時がその準備をしている時なのだと考えるしかない。「どうも何か新しい段階に進もうとしているようだけど不安でたまらないんだな」と気持ちを察して相手をするしかないだろう。

前に治療者のミスについて触れた時にも述べたが、こういうときに子どもに対して何を言うのが一番いいのかというような模範的な回答はない。大ざっぱな言い方をしてしまうと、心の構えさえはずしてなければ、たいがいのことを言ってもかまわないと思う。

「いろいろ不安で、心の準備をするためにぐずぐず言っているのだろうな」ということをしっかりと感じつつ相手をしていれば、「なーに言ってんのよ」とか言っても子どもは何となく支えられている気がするだろう。心の構えがずれていないと、言葉の調子や響き方が違うのだ。子どものそういった不安を感じることができずに「なに、言ってんのよ」という言葉を使うと、そのあとで「ぐずぐずばっかり言って困らせて!」というお叱りの言葉が続くような印象を子どもは感じ、かえって不安が増大してしまい、よけいにすねたりぐずったりすることになってしまう。

だからといって、はずさない対応をしていても即効的にぐずぐず言うのがおさまることばかりではない。何回もからんできたり、いちゃもんをつけたりするのを繰り返すような、親にとって相手をするのが苦痛でたまらなくなるような子どももいる。そんな時は「この子にとってかなり負担の大きいことにのぞもうとしているのだな」と考えるか、「準備にずいぶん時間がかかるタイプなのだ」と考えてイライラする気持ちと戦うしかないだろう。

だが、そんなふうにぐずって困らせる子とつきあう親の苦労は、子どもが自立していけるだけの充分な依存体験を与えているという、地道な作業にもつながっているので決して無駄ではない。こういったやり方でしか親に依存できない、甘えべたの子もいるのだ。（中学、高校でも、どうかするとそれ以上の年齢の子でもぐずって親に甘えてくる子がいる。その上、甘えるのが下手な子は、ぐずり方が親への非難といった攻撃の形をとることも多く、憎たらしさも倍増する。しかし、いろいろなことが自分で決められるようになるための自立の準備に、親として付き合っているのだと思ってその時期をしのいでいくしかない。）

しかしいくら頭ではわかっていてもどうしても我慢できなくなって、ぐずぐず言う子を叱り飛ばして結局は大変な騒ぎになってしまうという人もいるだろう。そういう人は、親と子の大爆発が一段落してお互いに少し落ち着きを取りもどしたころに、「どうしていいかわかんなくって、困ってしまっていろいろ言ったりしてたんだよね」といった言葉をかけながら頭をなでてやったりしたら、子どもも何となく気持ちがおさまっていく。すぐに素直になるのには気持ちがねじれていることもあるので、言葉をかけても嫌そうな顔をすることもままあるだろうが、親が本心からその言葉を言っていれば、通じるものである。（その際、スキンシップは大きな助けになる。言葉がなくてもスキンシップでいけることも多い。）

どんなによいことが本に書いてあってその通りしてみようと思っていても、実際子どもと向かい合っていると感情むき出しでどうしようもなくなり、大爆発を起こしてしまうというお母さんのほうが多いのではないだろうか。たいていのお母さんは、こんなところにたいそうに書き連ねなくても、大爆発のあとに、抱っこしてやったり、一緒にお風呂に入ったりしてスキンシップをとって、子どもとの関係をつないでいっている。また、叱られたあとに子どもの方が親にすりよっていき、親が甘えさせてやりやすい状況をつくってくれることもある。

しかし、こういった当たり前だと思われるような親子の交流が、当たり前に行なわれていない家庭も増えている。子どもに対して怒った後のフォローを入れることを知らない人も多い。それは子どもを甘やかすことだと短絡的に考えている人もいるようだ。

どんなに正しいことを教えようとする場合でも、子どもとの関係が徹底的にこじれてしまっては何にもならない。フォローを入れてくれる人がいないと、子どもはかなりの孤独を感じることになり、自立が大きなテーマになってくる思春期に、より屈折した形で家族や学校に対し、ぐずらないといけなくなってしまう。

## 髪を切る

ひと山乗り越えようとする苦しみが、ささいなことにこだわってはぐずぐず言うという形をとってあらわれていた面接を二カ月ほど繰り返したあとで、アリサは「卒業式までに髪を切りたい」と言い出した。アリサの髪は腰までのびていた。もう三年近く切ったことがなかったのだ。

髪は、一番簡単に自分の意志で変えられる身体の一部である。その上、変化が外から見てはっきりとわかる部分でもある。

そのため昔は、子どもが大人として扱われるようになる時には、その変化を明らかなものにするため、髪型を変えるという目に見える形での変化を行なった。「振り分け髪」という肩のあたりで切りそろえた髪型から、結い上げた髪型にする「髪上げ」

という変化などがそれである。

また、出家のために髪をおろすなど、重要な人生の節目に、生き方が変化するのと同じように髪型にも変化を加えることもある。そういう時、髪型を変えるという行為は、単なる毛髪の処理をするということをはるかに越えた意味を持ってくる。

「食べられなくなってから一度も切ってない髪をどうしても切りたい」というアリサの決意には、ただ、のびてしまった髪を始末したい、といった単純な意味を越えて、自分の生き方を賭けて髪を切ろうとしている、という気迫がこもっていた。心の深い部分とつながって、自分の存在のあり方すべてを賭けて髪型を変えるようなことは、めったなことでできるものではない。

普通、「髪型を変えてイメージチェンジ」といった雑誌の見出しのような軽い雰囲気でとらえられる「イメージチェンジ」は、外からその本人を見た時に、受ける印象が今までと違ってみえるようになるという意味である。しかし、アリサがしようとしている「イメージチェンジ」は、単にそれだけのことではなく、自分が世界に対して抱いていたイメージ自体が変化しようとしているので、それと連動して自分の姿(髪型)も変えざるを得ないという、重大な意味を含んでいるような気がした。

## 「普通になる」寂しさ

その次の面接の時、アリサは腰まであった髪をバッサリと切り落とし、ショートカットにしてやってきた。まさかいきなりそこまで短くするとは思っていなかったので、筆者はものすごく驚いた。

そのヘアスタイルは年相応のかわいらしさのあるものだったが、正直なところ、何だかアリサが普通のどこにでもいるような子になってしまったような、寂しい気持ちも感じていた。「普通」になっていくということは、「この世」で生きていきやすくなることであるが、特別な輝きを少しずつ失っていくことにもつながる。この輝きを失う悲しみの部分をどう背負っていくのかが治療の大事な裏のテーマになることも多い。

治療が始まって以来、最初の日常との接点であった外泊を始めたときには、アリサはまだまだ異界の住人のきらめきを留めたままだったので、かえって筆者は単純に外泊を喜んでしまうようなミスを犯してしまった。ところが今回は、「髪をばっさり切って卒業式に出席する気持ちになっている」という治療の進展があるにもかかわらず、うれしい気持ちだけでなく、何とも言えない寂しさのようなものも感じ、実に複雑な思いだった。

クライエントの中には、「早くよくなりたいが、症状がなくなって、他の人たちと同じ普通の人間になってしまうのもこわい。自分が自分でなくなってしまうような気がする」といった不安を持っている人もいる。症状を持っている代償として与えられている何とも言えないきらめきのようなもの――もちろん、それは常識的な尺度で考えられるような類のものではないが――に対する喪失感が強い人は、なかなか治療が進展しないことも多い。

また、症状があるということは、どうしようもなく苦しく、一刻も早く取り除きたいものであるが、その人の「この世」での生き方の一つの手段になっていることもある。そのため、とにかく早く症状さえ取れればいい、と単純に考えて働きかけると、思わぬ落とし穴が待ち構えていることもある。

早く症状を取りたいという熱意がクライエントの全てだと考えて、そこにだけ焦点を当てていると、治療に対するとんでもない抵抗が出てきた時に完全に盲点を突かれることになる。「治りたいとあれだけ思っているはずなのに、なぜそれを自分から打ち壊してしまうような、ばかなことをするんだ」と治療者が混乱してしまって、対応を誤る危険があるのだ。また、順調に症状は取れたけれど、生きる意味も同時になくなってしまったなどという、治療がよかったのか何なのかわからないようなことにもなりかねない。その人にとって症状があるということがどういう意味を持っているこ となのか、治療者はよく考えて対応しないといけない。

「普通」になることを誰よりも望みながら、誰よりも恐れている、というアンビバレントな感情がクライエントの心の中には存在していることも知っておかなければならないと思う。

## 転　院

アリサは、唾液だけは完全に飲み込めるようになったものの、相変わらずまったく何も食べられなかったので、鼻注での栄養補給が続いていた。

しかし、その状態のままで二年半ぶりに学校へ行き、卒業式に出席してきたのだった。「すっごい感動的だったよー。泣いちゃった。お母さんも泣いてたよ」と面接室に入ってくるなり元気に報告があった。そして「なんだか勉強がしたくなってきたの。入院しながら行ける学校があるって主治医の先生に聞いたけど、そこに行きたい」と言い出したのだ。

症状に改善は見られないが、現実の状況には大きな変化が起きようとしている。あの、ぐすぐず言っていた日々を過ごした挙げ句に、このような現実的な変化を希望していることから、気持ちの準備はもうほとんどできていると考えてもいいだろう。言い方も、迷いがなくきっぱりとしたものだった。

病棟での様子も、カーテンを閉めて独りでこもっていることが多かったのが、同室の子どもたちとの交流も生まれ、いろいろ楽しげに話していたり、実習に来ていた看護学生に算数を教えてもらったりしているようだった。相変わらず鼻注の前後は不機嫌になってスタッフをにらみつけることもあったが、それでも人間関係の点ではずいぶん改善してきていると言えるだろう。

病棟生活の様子が以前と変わってきたことと、ちょうど中学生になることでもあるし、ということで、主治医も転院のタイミングとしてはいい時期なのではないかと考えておられたのだった。アリサの希望を受けて、とんとん拍子に話が決まり、年度末には付属学校のある病院へ転院していった。

そしてアリサは中学生になった。今度の病院からは、今までのように廊下づたいで筆者のいる外来にやって来られるわけではない。バスと汽車を乗り継いで一時間以上かかるのだ。しかしアリサはその道程を毎週、休まずやってきた。

付属学校では、久しぶりの勉強が楽しくてたまらないようだった。特に、初めて習う英語がおもしろいと言って、面接場面でも、絵を描いた横に英単語を書いたり、五人しかいない同級生の話を詳しく聞かせてくれたりした。勉強にしても友人関係にしても、あれだけ拒絶的だった世界に対して、こんなにも興味と好奇心が広がってきたのか、と驚くばかりだった。

三年分の髪をばっさり切って出席した卒業式は、アリサにとって内的な必然性から出てきた深い意味を持つ神聖な儀式だったに違いない。だからこそ、後にこれだけの現実的な変化が起こってきたのだろう。

## 原因不明の発熱

学校の話題が主となる面接が一カ月ほど続いたあとのことだった。アリサの体に変調が起きた。原因不明の高熱が一週間以上も下がらなくなり、学校も面接も休まなくてはならなくなったのだ。こんなことは面接を開始して以来、初めてのことだった。

環境の大きな変化に体がついていかなくなっていたのかもしれない。しかし、何よりこの発熱で重要だったのは、お母さんに、同じベッドで添い寝をして欲しいと、今までにないような甘え方をしたことだった。

「中学生にもなった子があんなに添い寝を喜ぶとは思いませんでした。最初はそんな赤ちゃんみたいなことを言って、とびっくりしたんですが、これほどの熱でも出なければ、あの子はこんな甘え方をしなかったかもしれないと思って、勇気を出して添い寝をしました」と、アリサの希望通り、一泊だけだが、六人部屋の狭いベッドでの添い寝を遂行したお母さんは、少し恥ずかしそうに、でも満足そうに言っておられた。

(それにしても、そんな添い寝を許可してくれた病棟もふところが深い。婦長さんも積極的に後押しをしてくださったそうである。本当にありがたいことだと思った。)

アキラの場合もそうだったが、今までべったりした甘えをすることがなかった子どもの不意の発熱は、無条件に親に甘えられる大きなチャンスになることも多い。こういった時の甘えは、変化のための重要なエネルギーになる可能性も含んでいるので、できるだけ大切に扱っていきたいものである。

アリサはその熱が下がってからも、何となく体調がはっきりしないらしく、面接にやって来ては、「胃が気持ち悪くて吐きそうだけど、治る？」とか「胃がムカムカしてるけど大丈夫？　ねえねえ、大丈夫って言ってよ」と何度も何度も繰り返し、筆者の「大丈夫だよ」という言葉を聞きたがるようになった。

卒業式に出たり、学校へ行きはじめるという、現実的な面が動き出す前にも、いろいろぐずぐず言うことで準備を整えている印象があったが、今回はそれが身体的なレベルで行なわれているような気がした。

念のために付け加えておくが、学校のことをいろいろ気にする時期があった後で学校に行き、身体のことを気にした後に身体に関わる症状が変わっていくなどと単純に言えるものではない。しかし、前にも述べたように、何かが変わっていく前触れとして、今までより症状が悪化したり、こだわりが強くなることはよくあることなので、そういう視点で考えながら、ともに変化に備えるような姿勢で、その時期を見守ることは大切なことだと思う。

## 「かぐや姫が育つ」

アリサは、「気持ち悪い。気持ち悪い。胃がムカムカする」と顔をしかめながらも、

「何かつくりたくなった」と、半年ぶりに箱庭に取り組んだ。久しぶりのその箱庭には、竹の中から顔を出している、定番のかぐや姫の人形もちゃんと登場していた。

「いろいろな理由で捨てられた子どもがいてね、その子たちが拾われて、この教会で育てられているんだよ。親の都合で捨てられた子もいるけど、仕方がなくて捨てられた子もいるの。でも、捨てられていても、この教会があるから大丈夫なの」

とアリサは箱庭の作品を解説してくれた。「ねえ、ここにいるこのかぐや姫も捨てられた子なの？」と聞くと、「とーぜん！　かぐや姫もここで育つの！」というきっぱりとした答えが返ってきた。

アリサのように現実的には親に見捨てられているわけではない子どもの心の中に、このような「捨てられた子ども」といったイメージが存在していることに、筆者はかなり強烈な印象を受けた。症状を抱えるということは、普通に生活できる世界からはみ出してしまい、「この世の捨て子」になってしまった状態なのかもしれない。症状を持つことの壮絶な孤独が思われた。

そして、「親の都合」で捨てられてしまっている子もいるが、「仕方がなくて」そういう状況になっている子もいるというのだ。アリサも本当に「仕方がなくて」症状を抱えることになってしまったのだろう。

しかし、ほっとすることには、その「捨てられた子ども」は拾われて、「教会」で育てられている。

アリサは、自分自身が癒される場所を、「教会」という形をとって示しているのだろう。「この教会があるから大丈夫」という言葉からは、心の中に自分自身を癒す力ができている、ということがうかがわれた。そして興味深いことに「かぐや姫」も教会で育てられているのだ。

蛇足になるが、別にアリサは「教会」に関係するような宗教に興味を持っていた訳ではないし、家族がそういったことに熱心だったというのでもない。ただ、自分の中に生まれてきた「安心できて、癒される場所」というイメージを表現するときに、「教会」という宗教的な癒しのイメージがあるものが選ばれたというだけである。

## 月を描く

それからしばらくの間は、胃の気持ち悪さを訴えるのと、学校でのささいな出来事に心を痛めて、辛いと言ってはさめざめと泣く、ということの繰り返しが続いた。今まで楽しいことばかりしか報告してこなかった学校の話題にも陰りが見えていた。

何だか元気がなく、面接の部屋に入って来たとたんに、「あーしんどい」と言って机に突っ伏し、そのまましばらく動かないこともあった。ずいぶん体力も消耗しているようだった。そんな中、一時間以上かけて毎週、筆者のもとに通ってくるのはかなり大変なことだろう。でも、そこまでしても通って来なければならない必然性を感じているのに違いない。面接場面はアリサの「教会」の役割の一部を果たしているのかもしれない。

そんなしんどそうな様子は続いていたが、「何か先生といっしょに絵を描きたい」と希望を出してきた。だいたい、アリサは自分が絵を描いているときには、筆者にも別の画用紙で絵を描いていることを望み、できあがった後で、それぞれ自分の描いた絵を見せあうというのが好きだった。でもこの時は、「同じ画用紙にいっしょがいい」と言うのだった。

それなら、と、「交互なぐり描き物語統合法」という技法に誘ってみた。これは山中康裕によって考案された表現療法である。

まず、一枚の画用紙に、治療者が黒いマジックで枠取りをし、その後でクライエントに六〜八コマに自由にコマ割りをしてもらう。そしてそのコマの一つにどちらかがマジックで適当なぐり描きをし、それが何に見えるのかを考えて、もう一人のほうがクレヨンで描き込む。その役割を交代しながら、最後の一コマを残すまで繰り返す。そして、出そろった素材を全部使って、最後の一コマにクライエントの方がひとつの物語をつくって書き込む、というものである。

このやり方を説明したところ、アリサは目を輝かせて、「やろう！　やろう！　おもしろそう！」と喜んで取り組んだ。

アリサは筆者がなぐり描きをしたコマに、それぞれ、「フランクフルト」「池に映る月」「草食恐竜」「ねずみ」などを投影し、筆者は、アリサの描いた線に「寝ころんでいる女の子」「犬」「カバ」などを見ていた。

図4　物語統合法 その1

そして、それを使ってアリサのつくった物語は次のようなものだった。

「ある晩、女の子がお祭りで買ったフランクフルトを食べながら、犬といっしょに寝ころんで月を見ていました。そしたら、池の中からカバが起きてきて、縁の下からネズミが出てきて、みんなでいっしょにお月見をしました。

そうして月を見ていたら、急に一万年前にタイムスリップしてしまいました。そして、そこにいた草食恐竜さんと友達になりました。そしてその一万年前の月をみんなで見ながら、昔も今もおんなじ月だね、と言って話しました。」

「女の子が食べている」という所だけ見ると、だいぶ食べる方向に心が動いてきているのかもしれない、という単純な読みもできる。しかしこの物語は、「普通に食べている日常的な状態」から、急にタイムスリップをして「一万年前」と表現したくなるほど次元の異なる世界に入り込んでしまった話だとも考えられる。その次元の違う世界——異界——では、なかなか普通にものを食べることなどできないのだろう。

また「月」は、女性性を表わすイメージとして考えても差しつかえないと思うが、その問題に目を向けているうちに、次元の異なる世界へとスリップしてしまったのかもしれない。もちろん、本人の意志とはまったく無関係に。そして、行った先でも、やはり見つめているのは「おんなじ月」、つまり同じく女性性の問題のようだ。摂食障害という症状と、女性としての自分をどう受け入れていくのかという女性性の問題は切っても切れない関係がある。アリサの場合、そういったことが、十歳という早い時期から心の深い部分で動いてしまったとは考えられないだろうか。

もうひとつ違う側面から考えると、一万年前と表現したくなるほどの、時代を超えた古い歴史がアリサの症状の奥には潜んでいるのかもしれない。そしてそれは、単に母子関係という一代きりの問題ではなく、何代にもわたる女性の歴史の積み重ねの結果として、症状が出現してきたのかもしれない……などと、アリサの物語に刺激されて、筆者の中ではさまざまなイメージが広がっていた。

ともあれ、アリサはこの技法がとても気に入ったようで、「先生、またこれしようね」と、とても喜んで帰っていった。

## 食べられた!

その次の週のことだった。待合室で筆者を呼び止めたアリサの鼻から、鼻注の管がなくなっていた。

そして、「先生、食べれるようになったんだよ。おといから食べてるの。それで鼻注の管、抜いてもらったんだよ」とうれしそうに報告してきたのだ。「お母さんは、電話口で泣いてたよ。うれしいって言って」と笑った。

ついに、とうとう、やっと、あの厳しい症状から自由になって食べられるようになったのか、と筆者は感無量だった。

もっと、食べられるようになったきっかけとか、どんなふうに食べはじめたのかといったことが筆者は聞きたくてたまらなかったが、「そんなことが聞きたいオーラ」のようなものが筆者から出ているのを感じると、アリサはとたんに、「さあ、きょうはトランプをしよう！　はい、先生、配るよ。ほら！」とあっさり話題を変えてしまった。

食べられるようになったのは、アリサにとってうれしいことには違いない。しかし、同時にそれは苦しいことでもある。先に何度も述べたが、その矛盾する気持ちに苦しんでいるクライエントの心から離れてしまっては何にもならない。そういったことが重々わかっていても、ついつい、治療者の感情は、症状がとれたうれしさに動いてしまう。こんな自然な感情の動きをなくしてしまうと血の通わない治療になってしまうのでなくす必要はないと思うが、そちらばかりに走らない、意識的な注意は必要となる。

この時、筆者はアリサが髪を切った時とは違って、症状がとれていく裏の悲しみのようなものをまったく感じていなかった。ただただ、うれしかったのだ。するとアリサはそういった時には、実に絶妙のタイミングで、はい、そこらへんで喜ぶのはおしまいよ、というサインを送ってくる。

しかし、そのサインの送り方も、最初の外泊の成功を筆者が喜び過ぎてしまった時に比べると、格段にソフトになってきている。筆者の方がだいぶそのあたりの察しがよくなってきていることとの関係も深いのだろうが、アリサ自身の張りつめた感じも、ずいぶん和らいできているのだと思う。

アリサの両親や、付属学校の先生からの情報によると、学校でアリサのことをとても気にしている男子生徒がおり、その子が、「一緒に食べようよ」と熱心に働きかけたのが食べはじめる直接のきっかけになったようだった。だいたいにおいて、問題が解決へ向かう時は、こんなふうに背中をぽんと押して、ナイスなきっかけをつくってくれる人が、ちょうどいいタイミングで登場することが多い。偏食について述べたときの、タロウと老人の出会いも同じである。

　このようなことは、時期がずれても、意図して行なわれてもまったく意味がない。ほとんど準備が整った時に、あと一歩の後押しとして、何の他意もなく行なわれるからこそ、絶大な効果が現われるのである。

　小児科に入院している時にも、何とかしてやろうと、同じような働きかけをする人はアリサの周りにあとを絶たなかったが、その時はかえって意固地になり、その人たちとの関係を悪くするだけだったのだ。同じことでも、どんなタイミングで行なわれるかでまったく違ってくる。

## かぐや姫の昇天

　それからしばらくの間、アリサの食欲にはムラがあり、食べられたり食べられなかったりしていたため一時的に三キロも体重が減ることもあった。

　食欲のムラが大きい頃には、不機嫌な顔をしてやってきて、「学校なんてつまんない。あそこの病院もやだ」とずっと机につっぷして鉛筆で落書きしながら、ぶつぶつ言うことが多かった。

やがてだんだんに食欲のムラもおさまり、体重ももとにもどったころ、「先生、二人で描いて最後に話をつくるやつをしようよ」とさそってきた。

アリサは、「実を食べに飛んできた鳥」「ウサギ」「お月見」を投影し、筆者のほうは「ブルドッグ」「山の夕陽」「土星」「宇宙人」をアリサのなぐり描きの中に見ていた。そして、アリサのつくった物語は次のようなものだった。

「土星から宇宙人が地球にやってきた。そして初めてブルドッグやウサギやハトを見て、山にそった夕陽みたいに赤くなって感動した。そして、宇宙に去っていった。その日はちょうど日本で言うお月見の日で、みんなが月を見ているところだった。それだから目立ちたがりやの宇宙人は、土星に帰らず、月へ行くことにした。」

そしてその話を書いた直後に、「ねえ、先生、どうしても描きたくなった絵があるから、もう一枚描かせて。お願い」と言って、ものすごい速さで一心に一枚の絵を描き上げた。それには、かぐや姫が月に昇天する時の様子が描かれていた。その上、「おじいさん、おばあさん、どうもおせわになりました」というせりふが入っており、「かぐや」と署名までしてあったのだ。この絵を描き上げたアリサは「ああ、これ描

図5　物語統合性 その2

いてなんだかほっとしたわ」と本当にほっとしたように筆者に笑いかけた。

その「かぐや姫昇天」の絵は、本当に印象的なものだった。筆者は、「かぐや姫」から「どうもおせわになりました」とお礼を言われ、二度と会えなくなる所へ見送らなくてはならない「翁」のような気持ちになり、強い感動の中に、深い哀しみを感じていた。

アリサが食べものを食べられるようになった時には、筆者はうれしいばかりだったが、この時ばかりは何とも言えない哀しみがどっと押し寄せてきて仕方がなかった。症状がとれて「普通」になり、この世で生きていきやすくなるのと引き換えに、異界の住人独特の輝きは失われていく。アリサがそれを意識していたとはとうてい思えないが、どこか心の深い所では、よくわかっていたのだと思う。だからこそ、症状が

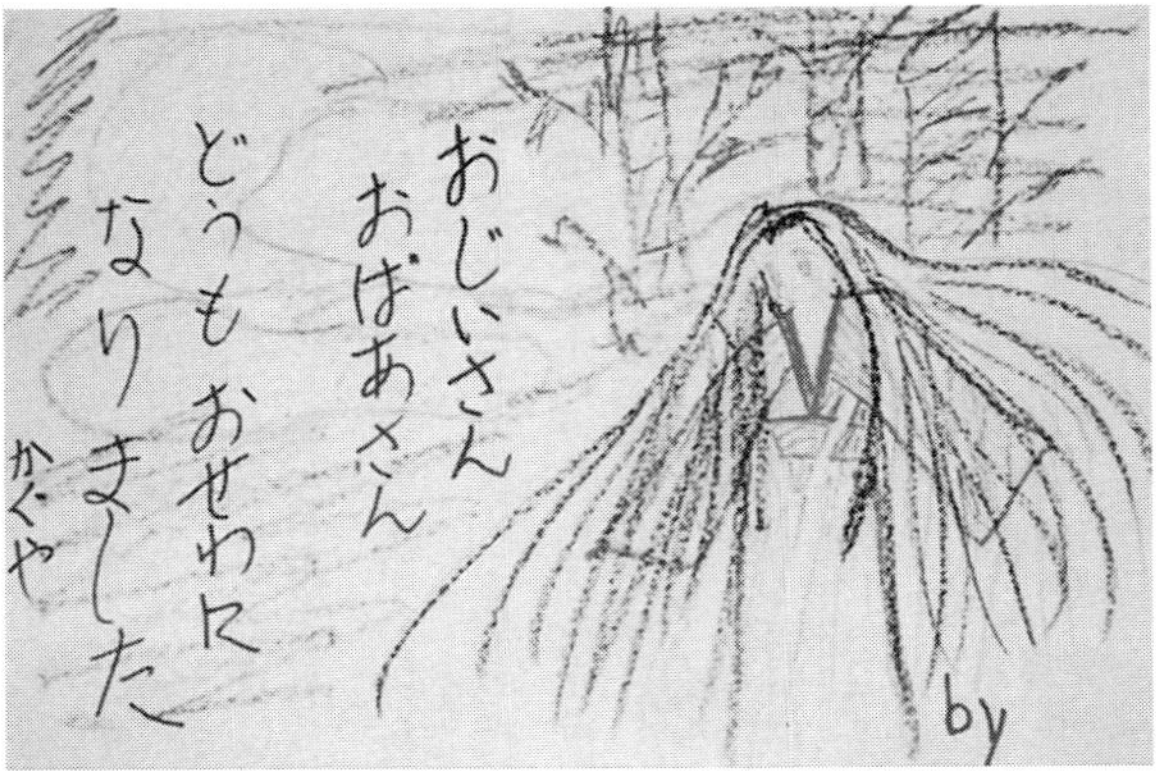


図6　かぐや姫の昇天

消失してしまった今、輝く姫である「かぐや姫」がこの世からいなくなってしまう絵を「どうしても描きたくなった」のだろう。

一回目の物語をつくったときも、アリサは「月」を投影していた。そして今回も、「お月見」を投影して、宇宙人が月へ行く話をつくっている。考えてみれば、「かぐや姫」は、月の世界の「宇宙人」であった。アリサの心の中ではここのところずっと、「月」を見る、というテーマが動いていたようだった。そしてそれが「かぐや姫昇天」の絵へとつながっていったのだろう。

アリサを輝かせもし、また、普通の生活が送れないような特別の症状を与えて苦しめてもいた「かぐや姫」は、この時を最後にいよいよ昇天していったのだ。

アリサは憑《つ》き物《もの》がとれたように――「かぐや姫」という憑き物だったのだろう――すっきりとした表情をしていた。

(誤解がないように付け加えておくが、これはアリサが単に、かぐや姫にあこがれていて、自分をそれになぞらえて表現しているというものではない。頭の中で、かぐや姫ってすてきだな、といったように考えて描かれたものではまったくない。中にはそのような軽いのりでかぐや姫を描く子もいるが、アリサの場合はそういったレベルのものではなかった。描かざるを得ない、この表現でしか表わせない、といった迫力が伝わってくるものだったのだ。頭で考えて適当に描かれたものと、それがどう違うのかと聞かれたら、その表現を見た時の感動の強さの違いだとしか答えられない。)

## 日常の世界へ

それからというもの、学校の行事で忙しいから来られない、といった現実的な理由で来院の間隔があくようになっていった。現実のほうにエネルギーを向けることができるようになってきたのだ。

しかし、アリサは症状がとれてからも、自宅から通える中学へもどっていくのを嫌がり、退院を拒否していた。症状がとれたからといって、急にすべてのことが日常レベルでさっさと行なえるわけではない。アリサにとって、家に生活の拠点を置いて、普通の中学に通うには、もう一つ越えなければならないハードルがあるのだろう。

三週間ぶりに来院してきたアリサは、筆者のいる病院に入院していた頃の思い出話をし始めた。しかし、ほんの数カ月前のことなのに、毎回のように話題に出ていた鼻注の栄養剤の名前を含め、アリサは驚くほどいろいろなことを忘れていた。「何だか記憶がとんでるみたいになってて、あの頃のいろんなことが思い出せないんだ」と言い、筆者にひとつひとつたずねてメモをとった。それはまるで、老人が若き日の遠い思い出を懐かしんでいるような風情だった。

重い症状に苦しんでいたクライエントがよくなった後で、その最中の経過をほとんど覚えていないということは、けっこう、あることである。

一般の人でも、自分の身の上に大きな異変が起き、日常生活がその出来事に振り回されるような体験をした時、あとになって考えてみると、とても大変だったという記憶は残っていても具体的なことはあまりはっきりと思い出せないということもあるだ

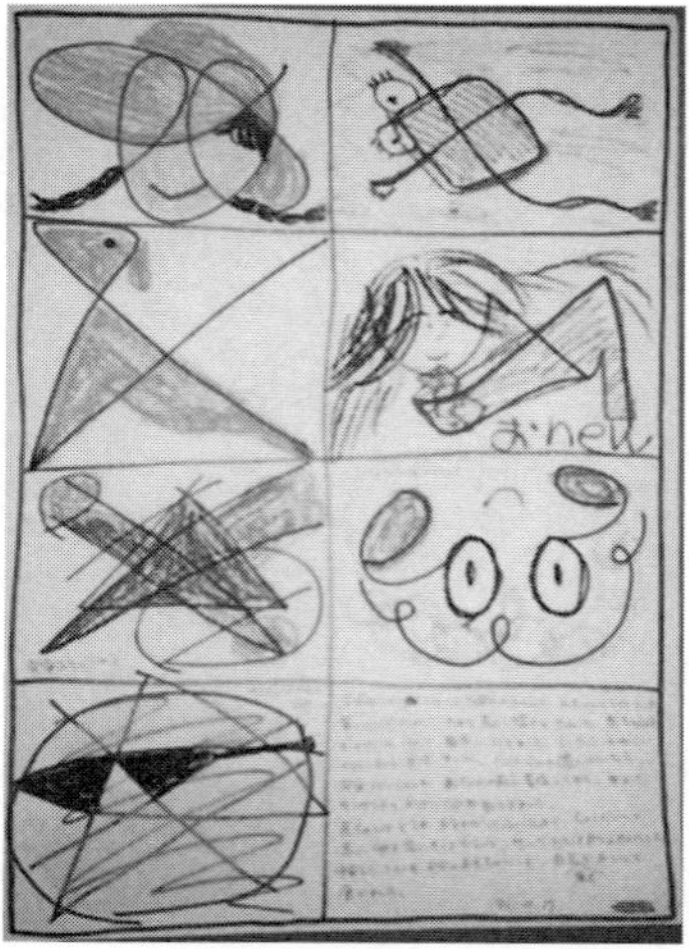


図7　物語統合法 その3

ろう。日常と違うレベルの出来事は、その出来事が終わってしまって日常にもどって来たときには、ある程度、忘却してしまう方が健康的に過ごしていけるものなのかもしれない。

この時アリサはまた「あの、いっしょにお話つくるやつがしたい」と希望してきた。

そして、「カエル」「おニュウの靴」「外人の女の人」「犬」などを投影し、次のような話をつくった。

「お母さんのいとこの外国人がやってきて、お母さんをさそって、赤いハイヒールを買いに出かけていきました。しかたがないのでケイちゃんは、犬を連れて散歩に行きました。そうしたら、カエルさんに出会いました。カエルさんと遊んでいたら、宇宙ステーションが着陸してきて、中から、サングラスをかけた卵が出てきました。ケイちゃんは、お腹が減っていたので、その卵を食べることにしました。そして、卵がかけていたサングラスを自分がかけて、宇宙ステーションは自分のおもちゃにすることにして、目玉焼きを作っておいしく食べました。」

この話の中での、「女の子」(アリサは「ケイちゃん」として話の中に登場させている)、「宇宙ステーション」「サングラスをかけた卵」が、筆者の投影である。

そして前回の物語では、「宇宙人」という日常の次元の人間でない者が主人公だったが、今回は、筆者が主人公になっている。非日常的な「宇宙ステーション」や「サングラスをかけた卵」(それにしても、筆者もよくこんな突飛な投影をしてしまったものだと思う)が、すべて日常レベルの出来事として処理されている。その二つとも筆者の投影であり、食べたり、おもちゃにしたりしている「ケイちゃん」は筆者なのだとアリサはいうのだ。そういったことから、面接の中での日常と次元の違うことすべてを、筆者の中に還元しているように思われた。

その物語づくりが終わった後、アリサがハミングをして、「ねえ、先生。今の曲、何だかわかる?」と聞いてきた。「中山美穂の曲だよね」と答えると、「ピンポーン!じゃあ次、これは何でしょう!」と今度は筆者のわからない曲をハミングし始めた。

一瞬、あのリズムゲームの恐怖が蘇り、ぎょっとしたが、あの時のような緊張感はまったくない。結局、筆者は一曲も当てることができなかったが、「だっめだなあー、先生」とアリサは笑って軽くぶつまねをしただけだった。日常レベルの軽い緊張感しか感じなかったそのゲームに、ああ、本当にアリサは普通の世界へもどって来たんだなあ、としみじみ思った。

## 別れ

それからというもの、アリサは予約をときどき、無断ですっぽかすようになった。だいたい筆者は何の連絡もなくクライエントが来ない時は、その時間の間中、なぜ来ないのだろうと考え込んで、普通の面接と匹敵するほどのパワーを使ってしまう。前回の面接にそのヒントとなるようなことがあっただろうか。それとも筆者のほうに何か大きな手落ちでもあったのだろうか……。

まわりからはただ、ぼーっとしてるようにしか見えないかもしれないが、そんなふうに心はとても動いている。だからクライエントが来ない間の時間を、有効に他のことで使えるなどということはないのだ。アリサが無断で来ない時もそうだった。

そろそろ終結の時期なのかもしれない。でも、退院して自宅に帰れるようになるのにはまだひと山越えなければならないが、その部分での心の仕事の相手は、異界の旅のパートナーであった筆者がしない方がいいのだろうか。このまま来ないのなら、いずれまた必要になった時に来るように、といった連絡をこちらからしたほうがいいだろうか。このようなことをずっと考えていた。

アリサは、無断で予約をキャンセルした後には、必ずまた予約の電話を入れてから来院していた。しかしある日、無断キャンセルのあと一カ月の間、何の音沙汰もないまま、突然に来院してきたのだった。

アリサは日に焼けて真っ黒になっていた。髪もまたずいぶん、短くなっていて、あの色白で髪が長く、きつい目をしていた頃のアリサの面影はもうあまり感じられなかった。

そして、付属学校での恋愛模様や、好きになった男の子の話などをはしゃぎながらひとしきりした後で、「じゃーん！　実はアリサに何かが起こりました！　さあ、それはいったい何でしょう！」とにこにこしながらきいてきたのだった。

初潮のことなのだな、とピンときて、「女の子になったんでしょう」と答えると、

「えーっ！　すっごーい！　どうしてわかったの？　先生、エスパーみたい！」ときゃあきゃあはしゃいでいた。

そりゃ、それぐらいわかるよ、と思いながら、どうしてこんなにアリサは初潮を迎えることに拒否感がないのだろうと、不思議でたまらなかった。この初潮の件では、いろいろと母親や姉とも話をしたようで、「これでやっと一人前になれたなって思ってうれしかった」と本当にうれしそうだった。

なにせ、つい、半年前までは、まったくものが食べられなかったアリサである。「拒食症の心性には、女性性の拒否がある」といった教科書的な知識も頭を駆け巡り、なんでこんなに初潮をストレートに喜んで受けとめられるのか、納得がいかなかった。

「それじゃ、先生バイバーイ！　また来週も来るから、ちゃんと待っててねー！」とアリサは、妙にはしゃぎ過ぎているような高いテンションのまま帰っていった。

明るく手を振って帰っていくアリサを見送りながら、何か、もうこれが最後なのではないか、といった予感があった。そして翌週、無断で来なかったとき、その予感は確信に変わった。そして、やはりアリサはそれ以後、もう二度と来院しなかったのだ。

# おわりに

## 思春期の自立

思春期のクライエントと会っていると、治療の終結についての話し合いをちゃんとして、きっちりとした終結を迎える、というパターンがとれることばかりではない。それは思春期が、「自立」が大きなテーマになる時期であることとも関係が深いように思う。治療者からの「自立」ということも、とても重大な課題になってくるため、クライエントの中には、その自立に伴う大きな不安を、治療者を自分の方から切ることによって乗り越えようとすることもあるのではないだろうか。その時、治療者は、切り捨てられたような寂しさを感じることになる。しかし、自立に伴う痛みを、そういった形で治療者側が背負うことも、思春期のクライエントとの治療の終結時には必要なのではないかと思う。

治療者の方が未練がましく引き留めたりすると、それはクライエントの自立を阻む、否定的な母性になってしまう危険がある。

思春期のクライエントと会っていると、現実的なことがいろいろ忙しくなってきたりして、もうそろそろいいかな、といった無言の了解のようなものがお互いの間に雰囲気で漂うようになると、クライエントの方からなし崩し的に離れていくことも多い。今日でもう終わり、といったはっきりとした線を引かずに、必要な時にはいつでも帰ってこれる場所として、心の中に面接場面を確保しておきたいといった気持ちが思春期のクライエントには強いようである。

アリサのように「来週も来るから、ちゃんと待っててね」と言っておきながら来ない、という言行不一致の裏側にはそういった気持ちが隠れているのだろう。もっとわかりやすく、「来れないかもしれないけど、先生はちゃんと待っててね」と言った子もいる。

そのため、治療が終わったのかまだ継続しているのかわからないようなあいまいさの中で、クライエントのことを抱える時期をすごすのも、思春期のクライエントに関わった治療者の役割のひとつなのではないかと思っている。自分のことをとても心配してくれている人がいる、という確信を持つことが、子どもの現実生活を支える力になるようである。

付属学校や母親からの情報では、アリサははりきって学校生活を送っているようだった。この調子ならもう来ないだろうなとわかってはいたが、筆者はしばらくの間、アリサと会っていた時間はそのまま空き時間にして、面接の経過をぼーっと振り返る時間にしていた。筆者には、その時間を別のクライエントのために使えるようにしていくためのリハビリの時間が必要だった。

## 少女が大人になること

女の子にとって初潮を迎えるというのは、ある意味では無垢な少女としての「死」を体験し、大人の女性として生まれ変わる大きな出来事だといえるだろう。そのため、初潮を迎えたときの体験がどのようなものであったのかということが、その人が女性として生きて行く上で大きな影響を及ぼすこともある。

周囲の大人が初潮の訪れを喜んでくれるので、自分もそれに適当にあわせてはいたものの、実のところ心の中では「とんでもないことになってしまった」という大きな喪失感を味わっているとうちあける子もいる。周囲の暖かい反応と本人の受けとめ方が一致することばかりではないのだ。

面接場面は、そのように「実は……」という話が出てきやすい場であるし、今までのアリサとの関係を考えると、初潮にまつわる感情についても、うれしい気持ちの裏側に流れる別の感情が少しは表現されるのではないかと思っていた。また、摂食障害の女性クライエントが、痩せすぎのために月経がなくなってしまうのをまったく気にしない(もしくは、逆に喜んだりすることもある)ようなこともよく体験していたので、厳しい症状を最近まで抱えていたアリサが月経の訪れを何の抵抗もなく、ただただ嬉しいで受け入れている様子に、当時はとても違和感があった。

しかし、今はこのように考えている。

無意識の内容がそのまま日常生活の支障になる形で出ていた頃——拒食という命に関わる症状を抱えていた頃——は、アリサはそれこそ「死ぬほど」の思いをしていた。先にも述べたが、アリサには痩せ願望がまったくなかったが、これは「痩せたい」といった自我のレベルの関与を許さない、強烈な無意識からの要請が、命をかけた「死」に近い場所での拒食をさせていたからだと考えられるだろう。

あれほどの体験をくぐり抜け、やっとのことで「生」きて日常生活が送れる場所へ帰ってきたばかりのアリサにとって、内的な体験としてはとてもよく似ている少女としての「死」を今一度、正面から受けとめたとしたら、それは症状の再燃につながる危険があったのかもしれない。とすれば、普通の少女のように軽い調子ではしゃいでその体験をごまかすことの方が、日常生活が脅かされないという点では、ずっと健康的だと言えるだろう。

この時期の少女たちが、ささいなことで笑いさざめいたり、大人から見るとしょうもないことできゃあきゃあと騒いだりするのも、少女としての「死」の側面を直視しないための防衛手段なのかもしれない。

## かぐや姫を生きる

アリサは治療経過のなかで、箱庭の作品や夢や絵などを通じて、様々な物語をつくり出してきた。そのひとつひとつがアリサにとって自分を癒していくための大事な物語だった。そしてそういった個々の物語をエピソードとして含んで、治療経過そのものがひとつの物語になっていた。それはアリサが「かぐや姫」を生きぬいていく物語だった。

『竹取物語』を読むと、かぐや姫はこの世で求婚してきた貴公子たちに対して、非情なまでに拒絶的な態度で無茶なことばかりを要求している。貴公子達を試すための無理難題なら同じ問題を出して力量や人柄を見ればよいのだがそうではない。どう考えても拒絶することが目的になっているようである。

症状を抱えるようになってからのアリサの度の過ぎたわがままや攻撃的な態度からも、かぐや姫の拒絶が連想される。また、アリサが箱庭を使って表現していた「超わがままなお嬢」の中にも、究極のわがままお嬢である、かぐや姫の様子をうかがうことが出来る。

『竹取物語』では、かぐや姫の要求に対し、姑息《こそく》な方法で何とかしようとした貴公子は、みんなの前で大恥をかかされ社会的地位も危うくなってしまう。また、必死になって要求された物を探し求めて病気になって死んでしまった貴公子もいる。

アリサのように「かぐや姫」を生きている少女と会う時、何とか気に入ってもらおうなどと思って姑息に動くと、こてんぱんに攻撃されて、立ち直れないくらいみじめな気分にさせられたりすることがある。それは、関わろうとした側が、「貴公子」の役割を演じさせられていると考えることもできるのではないだろうか。下手をすると命を落とす危険も――それは治療者生命であったり、教師生命であったりすることもあるだろう――潜んでいるようだ。

「かぐや姫」を生きているクライエントと治療関係を持つことができたとき、治療者は「翁」の立場を生かされることになるのではないかと思う。そして、翁がしたようにかぐや姫を大切に育て直し、その輝きに触れて自分の方も癒されるような思いを感じたりもするのである。

かぐや姫は、月を見ては涙にくれるなど、翁との別れに際しては人間的な反応をするが、いったん羽衣を着ると、とたんにそういった気持ちもなくなって晴れ晴れと天に帰って行く。そして、残された者達だけが嘆き悲しむのである。

アリサも治療の終盤に「先生といっしょに描きたい」と言って、筆者との関係を確かめるようにして、親密な雰囲気の中で「月を見る」テーマを表現していた。しかし月からの使者とも言うべき月経が訪れたとたんに、何の憂いもなく、関係を明るくあっさりと切断していった。そして何とも言えない寂しさと喪失感を「翁」を生かされた筆者は感じることになった。

はしゃぎ過ぎているように感じられた様子は、拒食という症状との別れや、少女としての死とも言うべき月経の訪れにまつわる哀しみを、羽衣をまとったかぐや姫のように、すっかり心から切り離してしまったからなのかもしれない。アリサのつくった「きつねの話」の中で、洞くつの中で癒されたきつねと女の子たちとは、もう「二度と絶対」会わなくなるということからも、この治療の終結の様子がうかがえる。

また、アリサが夢の中でもらっていた「ダイヤの指輪」の輝きは、症状を抱えているがゆえのものだったのだと改めて思った。年齢相応のきらめきをはるかに越える宝は、現実的に日常生活では役立てていけないものであり、さぞ重荷だったことだろう。しかし、たぶん、誰ひとりとしていいと思う人がいなかったであろう、症状を抱えている時期のアリサのきらめきを、「翁」の立場を生かされた治療者だけは忘れないでいることも、大切なことなのではないかと思う。

特別な輝きを失って、なおかつこの世で生きていかなければならない哀しみにとても深い葛藤が生じて、あと一歩で症状から自由になれる所まで来ていても、またずるずると症状の苦痛の中に引き込まれていく人もいる。そしてそれを繰り返すうちに、症状は変わらずあっても、輝きの方は片鱗すら残らなくなってしまうという、八方塞がりの泥沼に落ち込んでしまう悲劇もある。

子どものクライエントとの治療の中では、輝きを失っていく哀しみの部分を、本人には自覚がないまま、治療者の方が背負うようになった場合の方が、現実適応がスムーズになるように思う。

何も特別に意識することなく、自然に大人への階段を登ることができた人には、なんでそんなことで普通の生活が送れなくなってしまうのか、なかなか理解されにくいと思う。しかし、輝き方が人と違うがゆえに苦しんでいたり、自分の輝きに対するアンビバレントな感情に振り回されて、現実に向かうエネルギーがなくなって、この世で生きにくくなっている子どもたちも、面接室にはやってくるのだ。

## 異界を生きぬく

アキラの物語のテーマは、子どもとしての異界を生きぬくことだったと思う。そしてひとつひとつのエピソードを積み重ねていくなかで、エネルギーの源である異界とつながることができたとき、症状の消失といったことが起こってきたのだ。アキラが子どもとして生きぬくなかでつくりだした物語は、トンネル掘りといった形で表わされていた。

アリサの方は、異界の中に突き落とされ、その中で生きることを強いられているといった印象が強かった。(異界とひとことで言っても、その内容はいろいろである。肯定的な側面も、否定的な側面も両方、持ち合わせている。アキラとアリサの場合とではまったく違ってくる。ただ、日常の常識とは違う次元の世界という点では、一致している。)

アリサは、「かぐや姫」という非常にわかりやすい表現方法をとって、自分の生きている世界がどんなものなのかを示してくれた。こういった表現はだれにでもできるものではない。これもある種の才能だと言っていいだろう。

そして、このアリサの表現した「かぐや姫」の物語は、思春期前後の少女の心のなかに、普遍的に存在している心性なのではないかと思う。普通はそれが心の深い部分に潜んでいて、これほど日常生活を脅かすほどには表面化していない、というだけのことなのではないだろうか。

また、最近は「援助交際」や「テレクラ」による売春など、思春期の少女による性的な逸脱に関する情報を耳にすることが多い。その表面的な行動だけ見ていると、少女たちは、自分の女性としてのあり方に、何の疑問も罪悪感も感じていないように思われがちである。

しかし、「別に減るもんじゃなし」などと言いながら、高く売りつけるための商品のように自分の身体を扱うさまを見ていると、少女としての「死」の側面を直視しないように、「身体なんてたいしたものじゃないんだ」と必死になって思いこもうとしているようにも感じられる。

それは、ある意味では自分の身体の拒否である。アリサが拒食によって行なっていたことを、自分の身体を徹底的に商品として扱うことによって行なっている一群の子もいるのではないだろうか。

そういう子の中には「ブランド品が買いたいから、お金欲しいんだもん。誰にも迷惑かけてないからいいじゃん」とつっぱりながら、同時に「カレシが欲しい」「親には心配かけたくないから、こんなことしてるなんて知られたら死んじゃう」「将来は好きな人と結婚して幸せに暮らしたい」などと言う子もいる。そして、自分が今していることと、その希望との間にどれだけ大きな矛盾があるのかは、まったく意識されていないことが多い。

そんな少女に接すると「めちゃくちゃなことをしているのに、親に心配かけたくないだの、彼氏だの、幸せな結婚だのと言えるわけがないだろう！」とたいていの良識ある大人は憤りを感じる。しかし、そういった「この世」の常識が通用する世界にあの子たちは生きていない。まるで、身体を商品として扱っているときは、日常の掟とはまったく違う異界に入りこんでいるかのようである。

こう考えていくと、表現形態はまったく違うが、この少女たちも極端な形で「かぐや姫」を生かされているのかもしれない。実はアリサ同様、この世に生きにくい子たちなのではないだろうか。

そんな少女たちに「おやじだますのなんてちょろいよ」と手玉にとられて、みじめな「貴公子」役を演じさせられている男性も多いように思う。

そして、そういっためちゃくちゃと思われるような異界を生きぬいたあと、それこそ羽衣をまとったかぐや姫のようにあっさりとその世界のことを忘れ、日常の中へともどっていける力のある子も中にはいるだろう。しかし、何度も述べているが、異界はこの世とは違う厳しい掟もあるところである。そのため、売春の最中に事件に巻き込まれて命を落としたり、女性としての大切な何かを決定的に失って、どんなに着飾ってもどこか薄汚れた印象の拭えない女性になってしまう危険も大きい。

売春や性的な逸脱といった形で異界を生きている少女に本気で関わろうとすると、アリサのように厳しい症状に捕われている少女に対するのと同じほどのパワーと覚悟が必要になってくるのではないだろうか。単純な正義感や熱血や熱心といったパワーだけで関わろうとしても、「ばっかじゃないの」といった徹底的な拒否に会い、みじめな「貴公子」役を演じることになってしまう。

## 物語による癒し

河合隼雄氏は、「物語による癒し」という考え方をいろいろなところで公表している。村上春樹氏との対談の中でも「殺すことによって癒される人」という重い話題に関するフットノートで、「オプティミスティクすぎると言われそうですが」と断わった上で次のように述べている。

「心理療法家としては、そのような運命を背負った人が、どのような「物語」を生み出すことによって、この世に生きながらえていくか、ということに最大限の力をつくすべきだと思っています。」(『村上春樹、河合隼雄に会いにいく』一九九六年、

岩波書店)

これは、拒食という症状に見舞われるという「運命を背負った」アリサが、治療関係の中で「かぐや姫」という物語を生み出し、それを生きぬくことによって、この世に生きながらえていくようになったこととも重なると思う。ここで、その生きぬくための物語として「かぐや姫」という「物語の祖」とされている『竹取物語』の主人公が選ばれたのは、日本人の心の深層を考える上で、とても興味深い。

治療中、アリサがかぐや姫を箱庭などで表現したときに、「ねえ、かぐや姫の話ってどんなふうに覚えてる?」と聞いたことがある。するとアリサの答えは、「えーっ、竹から生まれて、おじいさんとおばあさんに育てられて、とってもきれいな姫になるの。それで帝に結婚を申し込まれるけど、月に帰らなきゃいけないから、泣きながら断わって、迎えが来たら行っちゃうんだよ」というものだった。かぐや姫が、非情なまでに拒絶的だったことなど、細かいところはまったく意識されていないのだ。

そんなことからも、アリサが生きぬいてきた物語は、表層の意識とはまったく違う層から生み出されてきたものなのだと考えることができる。そして、実際に詳しく『竹取物語』を読んでみると、治療経過の中のいろいろなエピソードが、『竹取物語』

の中のエピソードと符合してくるのである。

河合氏は、日本の古い物語について次のように述べている。

「深層心理学を専門にする私にとっては、日本の物語は、人間の意識を表層から深層まで移動させつつ見た現実を描いているものとして、実に興味深い。ただ、意識の層の差について無自覚なときがあるので、その物語を単に表層意識のみで受けとめると「荒唐無稽」に感じられたりする。しかし、そのあたりのことに気づいて読むと、現代人が生きてゆく上においても深い示唆を与えてくれる、知恵に満ちた作品であると思われる。」（河合隼雄『物語をものがたる』一九九四年、小学館）

この世で生きにくい思いをしているクライエントがどのような物語をつくり出し、そしてそれを生きぬこうとしているのか、そして治療者自身はその中でどのような役割をになっているのかなど、さまざまに考えていくことは、クライエントを深く理解する上で大切な見方だと思う。

そして日本の古い物語を日本人の心の深層を写し出すひとつの鏡として考えていく視点は、臨床現場で実際に役に立つ考え方だと実感している。

# あとがき

心理療法をしていると、この世に普通に適応して生きていくということはいったいどういうことなのだろう、と考えさせられることが多い。

面接室で会う子どもたちは普通の基準で考えると、不適応を起こしてしまっている問題児である。この世に適応している大人の単純な世界観を押しつけられて息もできない状態になっている子もいれば、環境に恵まれていても宿命的にこの世になじみにくい性質を持って生まれたためにどうしようもない状態になっている子もいる。また感受性が人一倍豊かであることが適応という面では災いしている子など、いろいろな子に出会う。その子たちがどんな世界を生きているのかを知るたびに、単純な大人の考えで子どもを縛ることがどれだけ子どもの苦しみを増やすことになっているのかを痛感する。

この世に生きにくい子どもたちと実際に関わっていると、この子の感覚の方が人間としてまともだ、と感じさせられることもしばしばある。しかし現実生活からはみだしたままで生きていくことは、いくら感覚がまともだからといっても、本人だけでなく周囲の人々も苦しめることになる。そんな子どもたちがこの世と折り合いをつけていくための橋渡しの役割を少しでもすることができればと思って臨床の仕事を続けている。

子どもの真実を伝えたいと思うと、実際に治療場面であったことを話すのが一番わかりやすい。しかし、守秘義務の問題もあってなかなか話せないことも多く、今回、この本を書くにあたってもその点での葛藤がとても深かった。

アリサ(もちろん仮名です)から五年ぶりに筆者のもとへ手紙が届いたのは、ちょうどこのシリーズの企画をいただいたころだった。

アリサの残してくれた「かぐや姫昇天」の絵を載せることができれば、きっと大勢の人に何かを伝えることができるだろうと思ってはいたものの、無断で彼女の作品を出版物に公表することはできないし、こちらからその諾否についてわざわざ問い合わせるのも、治療の流れを考えるととてもできないことだとあきらめていた。そして別の内容を考えていたところに、突然、彼女からの手紙が舞い込んできたのだった。まさか彼女から手紙が来るなどとは思ってもいなかったので(しかもこのようなタイミングで)本当に驚いた。

その手紙には、治療が終わってからの五年間の様子が詳しく記されていた。そして、拒食で苦しんでいたころ、自分がとんでもなくわがままな子だったという記憶しか残っておらず、そのことが気になって仕方がないこと、面接室ではとても大事な体験をしたような印象が残っているけれど、思い出せない夢のように記憶がぼんやりとしていてもどかしいことなどが書いてあった。

生きにくい子どものことについて初めて公の出版物に書こうとしているこの時期に、アリサの方から関わりを持ってきてくれたという不思議さに、これは世に出してもいいものなのかもしれない、と考えるようになった。そしてそれから何度か手紙のやりとりをしたあとで、思い切って、あの治療の体験を書かせてもらえないだろうかと頼んでみた。するとすぐに彼女は喜んで承諾の返事をくれたのだった。それでもやはり守秘義務のことが気になり、どう表現したものかかなり悩んだ。結局、面接場面での内的な真実はそのまま残るように努め、現実的な事実の部分は彼女の家族が読んでも本人とはわからないほどに変えることにした。それはアキラの場合も、その他のケースについても同様である。

この本を書く作業は、心理療法のプロセスととても似ていた。面接場面に入っていくような気持ちでワープロにスイッチを入れ、にっちもさっちもいかない思いにただただ困り果てることも多かった。今までに関わってきたいろいろなクライエントのことがつぎつぎに思われ、そのひとりひとりと心の中で会いながら書き進めていったように思う。その作業のなかで、ああ、あの子のあの行動はこんな意味があったのかと疑問が解けていくこともあり、自分の臨床の盲点に身がすくむこともあった。

実際の臨床場面と同じように、大筋の流れはわかっているけれど細かい所では何が起こるかわからないといった構成力のない原稿の書き方だったため、編集の山田馨さんにはたいへんお世話になり、かつご迷惑をかけてしまった。原稿を書くという、暗い森の中を手探りで進むような作業をするなかで「この方向でいいから。大丈夫だから」とこちらの意図を理解した上で手招きをして下さる編集者の存在は何とも心強いものだった。よく本のあとがきに編集者にはお世話になったとか、その人の尽力がなければこの本は世に出ることはなかったなどと書いてあるのを何気なく読んでいたが、自分でその作業をしてみると本当にその通りなのだということが実感としてわかった。

山田さん、本当にありがとうございました。

全体の方向を示しながら、じっと暖かい気持ちで辛抱強く原稿が書けるのを待ち、締め切りという現実との折り合いをつけていく編集者の仕事は、臨床現場で筆者がしようとしていることと共通しているところがあるように思う。治療者とクライエントの関係と編集者と筆者の関係とはどこか似通ったところがあるのかもしれない。クライエントが生きぬこうとしている物語の編集者として、どれだけのことがしていけるのだろうかということも考えさせられた。

最後に、臨床心理士としての仕事をご指導いただき、この執筆に際してもユーモアに包んでは貴重なアドバイスを与えて下さった河合隼雄先生に感謝申し上げます。そして、今まで私が関わってきたすべてのクライエントの方々に――特に本の中で触れることを快く了解して下さったクライエントや家族の方々に――心からの感謝を捧げます。本当にありがとうございました。

一九九七年二月

岩宮恵子

# 岩波現代文庫版あとがき

わらわないのはわらいたいから
だまりこくるのははなしたいから
にくむのはあいしてるから
きょうにしかいきられないのに
きょうだけではいきていけない
きのうとあしたをむすぶおはなし

だれもきいたことのないはなし
ことばでははなせないはなし
ゆめのなかにひそむはなし
わたしだけのおはなしをよんで

こころがかくすわたしのこころを
かおがかくすわたしのかおに

これは、十二年前にこの本が出版されたとき、単行本の裏表紙を飾った谷川俊太郎さんの詩である。この本の内容を読んで、書き下ろしてくださったのである。自分が書いたことの中心をこんなに響く言葉で射抜いてくださったことに、ほんとうに心を打たれた。そしてこの谷川さんの詩から、新たにいろいろなことを考えた。

そうなんだ、私は、そのひとだけの、「きのうとあしたをむすぶおはなし」を読むためにそのひとの「きょう」と会っているんだ。そのひとだけの「きのうとあしたをむすぶおはなし」をみつけて、それをしっかりと読むことができたとき、そのひとの「きょう」はちゃんと「あした」に向かって動き出す。ひとが自分自身の物語を生きることができるようになるというのは、結局、そういうことだったのか……と、核心を切り出してもらったように感じた。しかも、それが叶うためには、そのひとの「こころ」が生み出すそのひとだけのおはなしを読まなくてはならないが、その「こころ」は、「こころがかくす」のだ。ゆめゆめ、簡単に読めたなどと思ってはいけない。

そのうえ、その「こころ」は、「かお」という表に出てくるものから読まなくてはならない。だけれど、その「かお」も「かおがかくす」のだ。表に出ているものをそのままうけとったら違うからといって、では裏を読んだらそれでいいのかといったらそういうわけでもない。「こころ」はまだその先にあり、そうそうストレートにはいきつかない。何重にも複雑に入り組んでいる生きにくい子どもたちのこころを、どうしてこんなにもシンプルな言葉で奥の奥まで表すことができるのだろう……と(それは、谷川さんが言葉の天才だからなのだが)感歎しながら何度も何度もこの詩を読み返した。

本が出版されてからずいぶんたったある日、谷川俊太郎さんの直筆原稿が送られてきた。それは、当時の担当編集者だった山田馨さんの、あり得ないくらいありがたい計らいだった。しかも、原稿用紙に書かれた直筆の詩は、二枚あった。私と、アリサのモデルになった子のためにと、それぞれに宛てて書かれたものが、ていねいに厚紙で保護されて封筒に入っていた。

その直筆の詩は、今、私の手元と、アリサ(と言ってしまおう)の元にある。ちょうど、その直筆の詩をアリサに送った頃、彼女はいろいろと現実的な壁にぶつかって苦しい時期だったらしい。そんなときに届いた彼女のために書かれた谷川さんの直筆の詩は、その苦しい時期を超えていくための指標になり、彼女の「きょう」を支えた。ああ、こんなふうに「きのうとあしたをむすぶおはなし」はまた新しく紡がれていくのかと、まったく意図せずこの状況をアレンジしてくださった谷川さんと山田さんに深く感謝した。

アリサは今、幸せな結婚をして、二人の子どもの子育てに励んでいる。折りに触れて送られてくる子どもたちの笑顔の可愛い写真を見るたびに、あの頃、厳しい孤独のなかにいたアリサと一緒にみつけていったおはなしが、次の世代の物語へと引き継がれていっているのを感じて、胸が熱くなる。

「スーパー長男」だったアキラは、お母さんが年賀状で近況を伝えてくださっているが、大学を卒業して専門職に就き、遠方で元気に働いている。

この十二年で、この本のなかで書かせてもらった生きにくい子どもたちは、すっかり大人になった。子どものころにそんな時期があったことなど、もうほとんど思い出すこともないだろう。苦しい症状を抱えていた頃のおはなしは、間違いなく今の彼らに繋がっているが、そういうおはなしは通奏低音のように深みを感じさせるものとして響くだけにして、表のおはなしとして出てこなくなるのが、一番いい。

この十二年で、私自身の状況も大きく変わった。本を書いた当時は、個人で心理相談室を開業しながらスクールカウンセラーとしていろいろな学校に行ったり、病院臨床をしたり……と、臨床三昧の日々だった。とにかく、毎日毎日、クライエントさんと会うことばかりをしている日々だったのだが、八年前から縁あって大学教員になり、臨床以外の仕事もするようになった。これがことのほか自分にとっては大変なことで、周囲のスタッフや学生さんたちの助けがあるからこそ何とか務まっているようなものであるが、臨床のモードとは違う仕事の数々にとまどうことが未だに続いている。しかし臨床以外の仕事が多くなればなるほど、バランスをとるためにもどうしてもクライエントさんとの時間は確保したくなるものだというのも痛感している。今でも中・高校生やその保護者とお会いすることは多いが、小学生と毎週必ず会えるような枠組みはもうとれないので、汗水たらしながら毎週プレイルームで真剣に格闘している院生さんたちを見ると、時々うらやましくてたまらなくなる。

今回、久しぶりにこの本に向かいあって、過去の自分の臨床を読み返したのだが、なんだ、子どもに会っているときの私って基本的にちっとも変わってないじゃないか、とびっくりしてしまった。これは十二年も経っているのに進歩がないと言うべきかもしれないが、その都度、思うことや、感じることなどは、ほとんど今も同じなのだ。さすがに曲当てクイズの答えが中山美穂の曲だったりすると、ものすごい時代の流れを感じてギョッとしたが、それ以外は、(あまりにも赤裸々に書いていて恥ずかしいが)今の自分との違和感がまったくなかった。臨床のなかで感じたことをどう言葉にするのかとか、考察の方向などはこの十二年で変化したとしても、臨床を始めた当初に身につけた感覚というのは、そうそう変わるものではないんだな……と思った。

そして、この本が世に出るきっかけを作ってくださった河合隼雄先生を向こう側へと見送ったことは、大きな、ほんとうに大きな出来事だった。河合先生が示してくださった臨床のこころを、どうやったら「きのうとあしたをむすぶおはなし」にしていけるのか、「きょうにしかいきられない」日々のなか、ずっとずっと考えていきたい。今回の文庫化が、そのひとつの目印になればと思う。

この本が世に出るためにカを貸してくださったすべての方に、そしてこの本を手にとって読んでくださったすべての方に、心からの感謝を捧げます。読者のみなさんの心のなかに住んでいる「生きにくい子ども」が、少しでもこの世での居場所をみつけられますように。

二〇〇九年一月

岩宮恵子

本書はシリーズ「今ここに生きる子ども」の一冊『生きにくい子どもたち――カウンセリング日誌から』として、一九九七年三月に岩波書店より刊行された。

生きにくい子どもたち――カウンセリング日誌から

2009年3月17日　第1刷発行
2022年3月25日　第4刷発行

著　者　岩宮恵子《いわみやけいこ》

発行者　坂本政謙

発行所　株式会社　岩波書店
〒101-8002 東京都千代田区一ツ橋2-5-5

案内 03-5210-4000　営業部 03-5210-4111
https://www.iwanami.co.jp/

印刷・精興社　製本・中永製本


ISBN 978-4-00-603182-4　Printed in Japan

# 岩波現代文庫創刊二〇年に際して

二一世紀が始まってからすでに二〇年が経とうとしています。この間のグローバル化の急激な進行は世界のあり方を大きく変えました。世界規模で経済や情報の結びつきが強まるとともに、国境を越えた人の移動は日常の光景となり、今やどこに住んでいても、私たちの暮らしは世界中の様々な出来事と無関係ではいられません。しかし、グローバル化の中で否応なくもたらされる「他者」との出会いや交流は、新たな文化や価値観だけではなく、摩擦や衝突、そしてしばしば憎悪までをも生み出しています。グローバル化にともなう副作用は、その恩恵を遥かにこえていると言わざるを得ません。

今私たちに求められているのは、国内、国外にかかわらず、異なる歴史や経験、文化を持つ「他者」と向き合い、よりよい関係を結び直してゆくための想像力、構想力ではないでしょうか。

新世紀の到来を目前にした二〇〇〇年一月に創刊された岩波現代文庫は、この二〇年を通して、哲学や歴史、経済、自然科学から、小説やエッセイ、ルポルタージュにいたるまで幅広いジャンルの書目を刊行してきました。一〇〇〇点を超える書目には、人類が直面してきた様々な課題と、試行錯誤の営みが刻まれています。読書を通した過去の「他者」との出会いから得られる知識や経験は、私たちがよりよい社会を作り上げてゆくために大きな示唆を与えてくれるはずです。

一冊の本が世界を変える大きな力を持つことを信じ、岩波現代文庫はこれからもさらなるラインナップの充実をめざしてゆきます。

（二〇二〇年一月）